GRöLS Verlage

„BÜCHER SIND WIE FALLSCHIRME. SIE NÜTZEN UNS NICHTS, WENN WIR SIE NICHT ÖFFNEN."

Gröls Verlag

Redaktionelle Hinweise und Impressum

Das vorliegende Werk wurde zugunsten der Authentizität sehr zurückhaltend bearbeitet. So wurden etwa ursprüngliche Rechtschreibfehler *nicht* systematisch behoben, denn kleine Unvollkommenheiten machen das Buch – wie im Übrigen den Menschen – erst authentisch. Mitunter wurden jedoch zum Beispiel Absätze behutsam neu getrennt, um den Lesefluss zu erleichtern.

Um die Texte zu rekonstruieren, werden antiquarische Bücher von Lesegeräten gescannt und dann durch eine Software lesbar gemacht. Der so entstandene Text wird von Menschen gegengelesen und korrigiert – hierbei treten auch Fehler auf. Wenn Sie ebenfalls antiquarische Texte einreichen möchten, finden Sie weitere Informationen auf www.groels.de

Viel Freude bei der Lektüre wünscht Ihnen das Team des Gröls-Verlags.

Adressen

Verleger: Sophia Gröls, Im Borngrund 26, 61440 Oberursel

Externer Dienstleister für Distribution & Herstellung: BoD, In de Tarpen 42, 22848 Norderstedt

Unsere „Edition | Werke der Weltliteratur“ hat den Anspruch, eine der größten und vollständigsten Sammlungen klassischer Literatur in deutscher Sprache zu sein. Nach und nach versammeln wir hier nicht nur die „üblichen Verdächtigen“ von Goethe bis Schiller, sondern auch Kleinode der vergangenen Jahrhunderte, die – zu Unrecht – drohen, in Vergessenheit zu geraten. Wir kultivieren und kuratieren damit einen der wertvollsten Bereiche der abendländischen Kultur. Kleine Auswahl:

Francis Bacon • Neues Organon • **Balzac** • Glanz und Elend der Kurtisanen • **Joachim H. Campe** • Robinson der Jüngere • **Dante Alighieri** • Die Göttliche Komödie • **Daniel Defoe** • Robinson Crusoe • **Charles Dickens** • Oliver Twist • **Denis Diderot** • Jacques der Fatalist • **Fjodor Dostojewski** • Schuld und Sühne • **Arthur Conan Doyle** • Der Hund von Baskerville • **Marie von Ebner-Eschenbach** • Das Gemeindekind • **Elisabeth von Österreich** • Das Poetische Tagebuch • **Friedrich Engels** • Die Lage der arbeitenden Klasse • **Ludwig Feuerbach** • Das Wesen des Christentums • **Johann G. Fichte** • Reden an die deutsche Nation • **Fitzgerald** • Zärtlich ist die Nacht • **Flaubert** • Madame Bovary • **Gorch Fock** • Seefahrt ist not! • **Theodor Fontane** • Effi Briest • **Robert Musil** • Über die Dummheit • **Edgar Wallace** • Der Frosch mit der Maske • **Jakob Wassermann** • Der Fall Maurizius • **Oscar Wilde** • Das Bildnis des Dorian Grey • **Émile Zola** • Germinal • **Stefan Zweig** • Schachnovelle • **Hugo von Hofmannsthal** • Der Tor und der Tod • **Anton Tschechow** • Ein Heiratsantrag • **Arthur Schnitzler** • Reigen • **Friedrich Schiller** • Kabale und Liebe • **Nicolo Machiavelli** • Der Fürst • **Gotthold E. Lessing** • Nathan der Weise • **Augustinus** • Die Bekenntnisse des heiligen Augustinus • **Marcus Aurelius** • Selbstbetrachtungen • **Charles Baudelaire** • Die Blumen des Bösen • **Harriett Stowe** • Onkel Toms Hütte • **Walter Benjamin** • Deutsche Menschen • **Hugo Bettauer** • Die Stadt ohne Juden • **Lewis Caroll** • *und viele mehr….*

Carl Sternheim

Die Hose

Ein bürgerliches Lustspiel

Inhalt

Personen

Theobald Maske, *Beamter*
Luise Maske, *seine Frau*
Gertrud Deuter
Frank Scarron
Benjamin Mandelstam, *Friseur*
Ein Fremder

Die Szene ist dauernd Maskes Wohnstube

Zeit 1900

Erster Aufzug

Erster Auftritt

Theobald und Luise treten auf

Theobald Daß ich nicht närrisch werde!

Luise Tu den Stock fort!

Theobald *schlägt sie* Geschändet im Maul der Nachbarn, des ganzen Viertels. Frau Maske verliert die Hose!

Luise Au! Ach!

Theobald Auf offener Straße, vor den Augen des Königs sozusagen. Ich, ein einfacher Beamter!

Luise *schreiend* Genug.

Theobald Ist nicht zu Haus Zeit Bänder zu binden, Knöpfe zu knöpfen? Unmaß, Traum, Phantasien im Leib, nach außen Liederlichkeit und Verwahrlosung.

Luise Ich hatte eine feste Doppelschleife gebunden.

Theobald *lacht auf* Eine feste Doppelschleife. Herrgott hör das niederträchtige Geschnatter. Eine feste – da hast du eine feste Doppelohrfeige. Die Folgen! Ich wage nicht, zu denken. Entehrt, aus Brot und Dienst gejagt.

Luise Beruhige dich.

Theobald – Rasend ...

Luise Du bist unschuldig.

Theobald Schuldig, ein solches Weib zu haben, solchen Schlampen, Trulle, Sternguckerin.

Außer sich Wo ist die Welt?

Er packt sie beim Kopf und schlägt ihn auf den Tisch.

Unten, im Kochtopf, auf dem mit Staub bedeckten Boden deiner Stube, nicht im Himmel, hörst du? Ist dieser Stuhl blank? Nein – Dreck! Hat diese Tasse einen Henkel? Wohin ich fasse, klafft Welt. Loch an Loch in solcher Existenz. Schauerlich!

Mensch, bedenke doch! Ein gütiges Schicksal gab mir ein Amt, das siebenhundert Taler einbringt.

Schreit Siebenhundert Taler! Dafür können wir ein paar Stuben halten, uns tüchtig nähren, Kleidung kaufen, im Winter heizen. Erschwingen eine Karte in die Komödie, Gesundheit spart uns Arzt und Apotheker – der Himmel lacht zu unserm Dasein.

Da trittst du auf mit deiner Art und zerstörst unser Leben, das gesegnet wäre. Warum noch nicht geheizt, warum die Tür auf, jene zu? Warum nicht umgekehrt? Warum läuft die Uhr nicht?

Er zieht sie auf

Warum laufen Töpfe und Kannen? Wo ist mein Hut, wo blieb ein wichtiges Papier, und wie kann deine Hose auf offener Straße fallen, wie konnte sie?

Luise Du weißt, kanntest mich als junges Mädchen.

Theobald Nun?

Luise Und mochtest gern, ich träumte.

Theobald Für ein junges Mädchen gibt es nichts Besseres dem Unmaß freier Zeit gegenüber. Es ist sein Los, weil es an Wirklichkeit nicht herandarf. Du aber hast sie, und damit ist der Traum vorbei.

Luise Ja!

Theobald Luise, sieh meine tiefe Bewegung.

Luise Ich will dir glauben, lieber Mann.

Theobald Auf offener Straße!

Luise Bleibt unbegreiflich.

Theobald Lachende Grimassen, Gassenbuben, Laffen. Daß ich nicht närrisch werde!

Luise Fängst du wieder an.

Theobald Das Herz stand mir still. Jedem Aufsehen abhold, wie du weißt. Erlaube ich dir ein Kleid, einen Hut nach der Mode? Warum mußt du dich so unvorteilhaft herausputzen. Weil dein niedliches Gesicht viel zu pochend für meine bescheidene Stellung ist, dein Busen, deine Augen zu herausfordernd. Könnte ich dir doch begreiflich machen, jedes Ärgernis der Welt stammt aus dem Nichtzusammengehen zweier ein Ding bildenden Faktoren.

Luise Hör auf; ich ertrage es nicht länger.

Theobald *laut* Zweier ein Ding bildenden Faktoren! Mein Amt, dein Aussehen gehen nicht zusammen.

Luise Ich kann nicht dafür, Gott schuf mich so.

Theobald Gott ist nicht schuld. Eine schamlose Erziehung, die die Haare wellt und rollt, eine an sich harmlose Brust durch den Schnürleib hinausdrängt. Die Pest über kupplerische Mütter!

Luise Mutter war eine ehrenwerte Frau.

Theobald Verlöre ich mein Amt!

Luise Warum?

Theobald Die königliche Majestät soll nicht weit gewesen sein. Jesus!

Luise Theobald!

Theobald Ein Zucken seiner Braue, ich sinke in den Staub, aus dem ich mich nicht erheben könnte. Not, Schande, Hunger, das Ende eines Lebens voll Mühsal.

Luise Du marterst mich.

Theobald *das Haupt in die Hände* Oh, oh – – oh!

Luise *nach einer Pause* Ist dir ein Hammelschlegel und grüne Bohnen recht?

Theobald Auf offener Straße! Welches Glück, daß kein Kind drohende Folgen mitzuerwarten hat.

Luise Ich dachte an eine Himbeerschüssel.

Theobald Die Majestät!

Luise Vater schreibt, er schickt neuen Wein.

Theobald Wieviel Flaschen?

Luise Eine Mandel.

Theobald Haben wir noch?

Luise Fünf Flaschen.

Theobald Hm. Hammelschlegel. Und gut gesalzen. Frau, Dämonen sind aus unserer Seele wirkend. Knechten wir sie nicht mit unseres Willens ganzer Gewalt – man sieht nicht ab, wie weit sie es bringen. Himbeeren mit Sahne. Wo willst du Sahne so schnell herbekommen?

Luise Die Deuter läßt mir ab.

Theobald Glaubst du? – Putzsucht! ja, ja – –

Er setzt sich in einen Lehnstuhl ans Fenster und nimmt die Zeitung.

Luise *am Herd beschäftigt.*

Theobald Da – auch die Seeschlange soll in den indischen Meeren wieder aufgetaucht sein!

Luise Grundgütiger, kann man das glauben!

Theobald Der Kurier meldet es.

Luise Z. Z.

Theobald Gottlob sind die dortigen Gegenden wenig oder gar nicht belebt.

Luise Wovon ernährt sich solch ein Tier?

Theobald Ja – die Gelehrten streiten. Es muß einen furchtbaren Anblick bieten. Da bin ich lieber in gesicherten Bezirken, meinem Städtchen. Man soll sich sehr auf das Seine beschränken, es festhalten und darüber wachen. Was habe ich mit dieser Schlange gemein? Regt sie nicht höchstens meine Phantasie auf? Wozu das alles? *Erhebt sich*

Hat man seine Stübchen. Da ist einem alles bekannt, nacheinander hinzugekommen, lieb und wert geworden. Muß man fürchten, unsere Uhr speit Feuer, der Vogel stürzt sich aus dem Käfig gierig auf den Hund? Nein. Es schlägt sechs, wenn es wie seit dreitausend Jahren sechs ist. Das nenne ich Ordnung. Das liebt man, ist man selbst.

Luise Gewiß.

Theobald Mir den Feiertag mit solcher Aufregung zu verderben! Bete, daß uns bleibt, was wir haben, und mach den Braten gut. Ich will nun doch einmal gehen und hören, was man über den vermaledeiten Fall zu schwatzen weiß.

Luise Bist du wieder gut?

Theobald Beim Nachdenken darüber, wie wohl es uns bis heute geht, hat Gott mich bewegt. Und denke daran, die Tulpen wollen Wasser. Bete Luise! *Er geht, man sieht ihn durch die Flurtür die Treppe hinab verschwinden.*

Luise *ist ihm auf den Vorplatz gefolgt, hat ihm nachgesehen, jetzt ruft sie* Nachbarin!

Deuter *von unten* Sind Sie es, Frau Maske? Guten Morgen.

Luise Haben Sie von meinem Unglück gehört?

Deuter *erscheint oben* Es muß ja nicht groß gewesen sein.

Luise Kommen Sie einen Augenblick herein?

Deuter Ich bin so frei.

Zweiter Auftritt

Luise und Fräulein Deuter treten ein

Deuter Wie die Kieswetter erzählt, war es eine von den reinleinenen und sah soweit proper und reputabel aus.

Luise Schon –

Deuter Doch daß Sie Ihre Buchstaben rot eingestickt haben – heute trägt doch alle Welt Weiß. Schließlich hatten nur wenige des Vorfalls acht, weil der König in nächster Nähe fuhr, und alles nach ihm sah. Ist wohl das Band gerissen?

Luise Als ich mich nach dem Kutscher reckte.

Deuter *lacht.*

Luise Eine schöne Bescherung. Plötzlich sieht unten der weiße Saum heraus. Ich wage nicht, mich zu rühren.

Deuter Der Gemahl außer sich?

Luise Ganz aus dem Häuschen. Und der alte Schwall auf unsere Liederlichkeit.

Deuter Sie sollen reizend ausgeschaut haben.

Luise Wer sagt's?

Deuter Die Kieswetter. Ein paar Herren müssen die Hälse erstaunlich gewendet haben.

Luise Ich bin mit Anstand aus der Geschichte gekommen. Erst einen Schritt aus der Umschnürung, blitzschnell gebückt und unter die Mantille damit.

Deuter Morgen wird man schon sagen, das Ganze sei eine wohlberechnete Koketterie.

Luise Die bösen Zungen!

Deuter Wer aussieht wie Sie, lacht die Welt aus.

Luise Mein Mann kann das Geschwätz um den Tod nicht leiden.

Deuter Ihr Mann wird sich an vieles gewöhnen.

Luise Warum, Fräulein Deuter?

Deuter Weil Sonnenschein Lust macht, darin zu spazieren.

Luise Wie?

Deuter Meine kleine gute Frau Maske, Ihren Mann mag ich gar nicht leiden.

Luise Der liebe Theobald.

Deuter Ach Gott!

Luise Aber wirklich!

Deuter Schon recht.

Luise Aber Fräulein **Deuter**! Haben Sie ein Näpfchen Sahne für mich übrig?

Deuter Viel für Sie übrig. Sind Sie in diesen Tagen nicht ein Jahr verheiratet?

Luise Übermorgen ein Jahr.

Deuter Und nichts rührt sich? Keine Aussicht auf Kindergeschrei?

Luise Ach –

Deuter Kann das Zufall sein? Wie ich meinen Herrn Theobald kenne –

Luise Schweigen Sie!

Deuter Sie sollen Ihre Sahne haben.

Exit.

Dritter Auftritt

Scarron *nach einem Augenblick sehr schnell von unten die Treppe hinauf.*

Luise *die auf dem Treppenvorplatz stehen geblieben war, tut einen Schrei.*

Scarron Erschreckte ich Sie? Kennen Sie mich?

Luise Zu wem wollen Sie?

Scarron Ich bin recht.

Luise Hier wohnt –

Scarron Wer noch?

Luise Mein Mann kommt gleich zurück.

Scarron Bis dahin soll alles gesprochen sein.

Luise Mein Herr!

Scarron Darf ich ein Gleichnis sagen, Dame? Ohne Umschweif ein großes Wort wagen? Nein. Verzeihung. Ich gehe, viel zu erregt, zu wenig Herr meiner Seele, die ich eben noch hatte, und die nun, mir entrissen, durch diese Diele tanzt.

Luise Man kommt, darf uns nicht mitsammen sehen.

Scarron *verschwindet die Treppe hinauf.*

Vierter Auftritt

Deuter *kommt, einen Napf in der Hand* Da! Ihre Kleider, Wäsche vor allem, sind ein wichtiges Kapitel. Doch läßt sich auch mit einem Band, einem Schleifchen manches herrichten. Ich könnte Ihnen etwas zeigen. Es liegt nicht immer an den Kleidern, gefallen wir. Liebe Augen haben Sie. Auf ein andermal, wir sprechen darüber. Heute lassen wir uns besser nicht erwischen, kleine Kokette. *Sie läuft lachend die Treppe wieder hinab*

Fünfter Auftritt

Scarron erscheint wieder

Luise Haben Sie ein Anliegen?

Scarron Ich habe, Dame, wollen Sie das wissen, den Vorwand.

Luise Kurz – ?

Scarron Heute morgen in der großen Allee des Tiergarten!

Luise Himmel!

Scarron Plötzlich bricht mir Entzücken in alle Glieder. Eine junge Frau –

Luise *abgewendet,*

Scarron Der ich an Wunder glaube, die Stadt seit Monaten hungrig nach ihm durchrase, blitzschnell um hundert Straßenecken nach ihm biege, mir erscheint's unter einer Linde. In Sonne getaucht, braun angeschmiedet an hellgrünen Stamm, unter verwirrten Augen ein hilfloser Leib. Blöde gierige Menge und ein bezauberndes Martyrium. Ein blendender Scherz Gottes. Wie ich da vor Leben aufzuckte! Was ich mit Ihnen in drei Augenblicken litt, bis Sie zur Erde griffen, stellte mein Herz von dem fort, was ich bis gestern zu lieben meinte, Ihnen nah. Noch spreche ich Ihre Sprache nicht, bleibt unverstanden zwischen uns, was nicht reines Blut ist, doch wie bald kann ich aus Gebärde, Blick, Worten lernen, was Ihnen wohltut, daß es gesagt wird.

Luise *macht eine Gebärde.*

Scarron Ich weiß, Ihre Begriffe lassen solche Atemlosigkeit der Empfindung nicht zu, da sie durch keine Dauer des Verkehrs legitimiert ist. Schweigen aber ist Andacht.

Ein Augenblick des Schweigens. Scarron sitzt mit geschlossenen Augen.

Luise Mein Herr!

Scarron Sie wissen nicht, wer ich bin?

Luise Meine, Sie gesehen zu haben.

Scarron Wann?

Luise Heut morgen.

Scarron Sonst nicht?

Luise Bestimmt nicht. An Orte, die Sie bevorzugen, komme ich nicht. Mein Leben läuft in diesen Wänden.

Scarron *tritt dicht an sie heran.*

Luise *weicht.*

Scarron Hören Sie ein Schicksal!

Luise Ich fürchte mich.

Scarron *kniet* Von heute an muß ich Sie begehren mit der Kraft meiner Seele. Mir ist dies, da ich es ausspreche, solche Seligkeit, daß ich nicht frage, was Sie meinen. Nicht, ob Sie mich zum Teufel jagen oder wiederbitten.

Luise Eine Kühnheit ohnegleichen. Stehen Sie auf!

Scarron Die Gewißheit fuhr mir so in die Glieder, daß ich nicht dazu imstande bin. Töten Sie mich, aber lassen Sie mich sitzen.

Luise Um Gottes willen! Käme mein Mann.

Scarron Sie sind richtig kastanienbraun. Ich miete zwei Zimmer, die Sie am Fenster annoncieren. Sie glühen eine Kastanie über Kohlen. Betrachten wir's als ausgemacht. Die Gespräche darüber sind gewesen.

Luise Ein so vornehmer Herr bei uns. Wer mag das glauben?

Scarron Sobald ich das Freie wiedergewonnen habe – ich verspreche, nie anders als im Kleid des schlichtesten Bürgers herzukommen.

Luise Sie versetzen mich in tiefste Bestürzung.

Scarron In abgrundtiefe Sie mich.

Luise Die Zimmer mieten.

Scarron Will ich –

Luise Kommt er –

Scarron Vorstellen einfach.

Luise Herr?

Scarron Scarron. Zwischen dem ersten Ton seines Schlüssels im Schloß und dem Eintreten bleiben Sekunden, sich zu erheben.

Luise Sie bei uns?

Scarron Wo?

Luise Ein Schlafzimmer, Wohnzimmer, o Gott!

Scarron Einfach: o Gott! Das ist aller Inhalt. Warum zittern Sie?

Luise Bitte –

Scarron Ich bin eine Kirchenglocke. Mein Strang hängt gelähmt. Schlagen Sie mich an, läute ich Ihrer Kehle helle Schreie. Genug. Ich gehe. Wann komme ich wieder?

Luise Er muß bald zurück sein.

Scarron Ich bin erwartet?

Luise *schweigt.*

Scarron Ich bin erwartet!

Luise Ja.

Sie stehen vor der Leiter

Scarron *stürzt hinaus.*

Sechster Auftritt

Luise *steigt wie im Traum die Leiter hinauf, steht einen Augenblick oben, da kommt Fräulein Deuter.*

Deuter Die Tür auf? Jesus, was tun Sie im Himmel?

Luise Die Gardinen – –

Deuter Mit den längsten Armen reichen Sie an die Gardinen nicht. Übrigens verlieren Sie wieder – nein, ich scherze. Doch hängt das Bändel wieder so, daß Sie beim Herabsteigen darüber fallen. Sie sind doch, was mir längst feststand, eine ganz übersinnliche Person.

Luise Spotten Sie nicht.

Deuter Wie heißt Ihr Gott, Frauchen? Daß ich keine Nachbarin im Sinn einer Guten-Ruf-Mörderin bin, wissen Sie. Soll ich dreist heraussagen, was ich von Ihnen will?

Luise Helfen Sie mir hinunter.

Deuter Bleiben Sie. Es paßt zum Inhalt meiner Worte. Die Bildung meines Gesichtes reichte nicht hin, die unbändige Lebenslust, die mir gegeben ist, zu erfüllen. Sie aber sind so sichtlich begnadet, daß meine Wünsche zu ihrem Recht kommen müßten, dürfte ich aus der Nähe hören, sehen, was Ihnen, wollen Sie, vergönnt ist.

Luise Ich verstehe nicht.

Deuter Ob Sie mich gern mögen?

Luise Gewiß.

Deuter Ohne Worte wissen, ich stehe bei Ihnen?

Luise Sie werden mir nichts Böses tun.

Deuter Was wollte er?

Luise Denken Sie!

Deuter Ein Edelmann! Ich gäbe zehn Jahre meines Lebens. Wie hieß der Vorwand?

Luise Es war ein richtiger Grund da. Er sah mich heute morgen.

Deuter In der ganzen Glorie?

Luise Doch.

Deuter Ein Genuß! Sie sind ein Mensch, der vielen Menschen Freude macht. Sprang wie ein Tiger darauf?

Luise War ungebärdig.

Deuter Schüttelte am Weltenbaum und hat Sie überwältigt.

Luise Die Zimmer mietet er von uns.

Deuter Herrlich! Nun ist Ihr Zug zu den Höhen begreiflich.

Luise Fangen Sie mich.

Sie springt hinab

Deuter *küßt sie* Herausstaffieren will ich Sie, daß es eine Art hat, so daß auswendig für den Herrn Theobald das alte Aschenbrödel bleibt. Innen aber soll's ein weißer Traum mit ein paar bunten Schnörkelschleifen zum besten Angedenken sein. Am Knie eine rosenrote wie eine Barriere. Hören Sie zu: Sechs Meter feinen Batists geben sechs Beinkleider. Ein blitzsauberes Modell leih ich mir her, und erfrägt man auch manches. Vier Meter feine geklöppelte Kante für die Röcke.

Luise Was träumen Sie. Ich bin eine honette Frau.

Deuter Er aber ein Held! Barrikadenstürmer!

Luise Sie sind ja eine rechte Kupplerin.

Deuter Einverstanden. Es gibt nichts Besseres, steht man selbst draußen vor der schwarzen Wand.

Luise Was das für alberne Geschichten sind. Wissen Sie doch, mein Mann dreht ihm beim ersten Anblinzen den Hals um.

Deuter Einfalt. Ist's der Frau nah, darf ein Gatte ein Dutzend Augen haben, sie streut sie ihm voll Sand.

Luise Ich sage ab.

Deuter Zu spät. Schon hängt im Grau Ihrer Häuslichkeit zuviel Sehnsucht am Fenster und schaut aus. Warum, Liebste, hat der

Hausherr die ihm zustehende Frist eines Jahres nicht benutzt, Ihre Adern mächtig mit sich aufzublasen? Warum gehen Sie nicht aufgepolstert mit ihm herum, dürfen in sich hineinhören? Wo blieb Gottes Segen in dieser Ehe?

Luise Wir waren darum betrogen, da wir sparen müssen. Unserm Gehalt steht ein Kind nicht.

Deuter Doch ist den ewigen Ausflüchten seiner Pflicht gegenüber in Ihnen ein Richter entstanden.

Luise Hing's doch an einem seidenen Fädchen, ich stünde heute als Mädchen vor Ihnen. Er hat das Gegenteil nicht gewollt.

Deuter Der Barbar!

Luise Mit siebenhundert Talern war sein täglicher Spruch –

Deuter Schlagen Sie Ihr Auge hoch zu Gott. Zu seinem Glück ist der Mensch berechtigt. Und auch die Helferin darf beruhigt an ihre Brüste klopfen. Geben Sie Ihre Hand in meine.

Luise Weiß der Himmel, mein Wille läuft mit Ihnen.

Deuter Nun müßte der Gemahl Theobald schon ein Kerl sein, wollte er's von sich abwenden.

Luise Um Gottes willen! der Hammel!

Deuter Wer?

Luise Das Mittagessen, sage ich.

Deuter Hammel haben Sie heute wie ich?

Luise Habe ihn nicht; vergessen über dem Geschwätz.

Deuter Warten Sie. Mein Schlegel wandert in Ihren Topf. Zum Hammel gehören Bohnen. Darf ich dazutun?

Luise Sie Gute. Und Sie selbst?

Deuter Spiegelei! Bin gleich zurück. *Sie läuft davon*

Luise *geht zum Fenster und nimmt den Wohnungszettel herein. Dann macht sie Feuer im Herd, wobei sie summt*

> Früh, wenn die Hähne krähn,
> Eh die Sternlein verschwinden,
> Muß ich am Herde stehn,
> Muß Feuer zünden.

Dann geht sie vor den Spiegel, beschaut sich, tritt wieder vor den Herd, summt weiter.

Deuter *kehrt mit einem Topf zurück* Schnell auf die Glut. Er ist gleich gar. Geben Sie eine Spitze Butter, Ahnung Salz zu.

Luise Was bin ich schuldig?

Deuter Hören Sie zu. Oft wollte ich es Ihnen sagen! Ihr Mann ist Maschine. Gehen Sie ihm in den Weg, sind Sie überfahren. Da er aber wie alle Dampfspiele sein Kommen ankündet, ist es leicht, ihm auszuweichen. Zur vollständigen Sicherheit biete ich mich als Streckenwärter an, meine rote Fahne in der Hand. Die senke ich, soll er halten. Inzwischen finden Sie Zeit, den Mast auf freie Fahrt zu stellen.

Luise Da ich fühle, wie frei meine Seele sich regt, haben Sie das letzte Bedenken fortgesprochen. Ja, ich will aus diesem Dienst, diesen Zügeln und Banden, von diesem aufgehobenen Finger zur Freiheit fort. Helfen Sie mir!

Deuter Nur, wenn Sie beherzigen, was ich riet. Sie seliges Närrchen. Lassen Sie den Verstand einen zuverlässigen Verwalter Ihrer reichlichen Gelegenheiten in den Dienststunden des Mannes zwischen neun und drei Uhr sein, und in seiner Freizeit erfüllen Sie Ihre Pflicht, so kann's nicht fehlen. Der Edelmann aber lege seine angebliche Tätigkeit in die Zeit, da der Gatte ausruht. So entgehen Sie dem Zusammentreffen beider und tausend Verlegenheiten. Genug für jetzt. Und darf ich einkaufen?

Luise Doch bringen Sie Rosen statt Veilchen und rechnen Sie für sechs Meter acht.

Deuter Ein Zyklop muß Theobald sein, will er seinem Schicksal entgehen. Ein richtiger Riese. Was haben Sie noch auf dem Herzen?

Luise Verurteilen Sie mich nicht.

Deuter Nie konnte ich in mir was Urteil ist feststellen. Für mich gab's immer nur Wünsche, statt jedes nicht erfüllten zwei neue.

Luise Als nähme man ein Hundertzentnerstück mir vom Haupt.

Deuter Als wäre man Kind noch einmal.

Luise Noch wäre nichts geschehen –

Deuter Noch käme das junge Mädchen daher.

Luise Träumte – –

Deuter Verlangte – –

Luise Unsagbar, sich – –

Sie fassen einander bei Händen und tanzen im Reigen

Ringel, Ringel Reihen,
Sind der Kinder zweien,
Tanzen unterm Holderbusch,
Machen beide: husch, husch, husch.

und unter Lachen enteilt Fräulein Deuter.

Luise Schnell! Himbeere bleib nicht länger verborgen. Wie er heißen mag? Zwei Löffel Zucker. Was für eine Welt er mit sich bringt! Mir fällt ein Bild ein: unten lag in einem Schleier die Frau, er beugt sich, da spreizt sie den Fuß. Vater muß mir ein Paar Schuh schenken. Nun aber den Tisch gedeckt; drei Uhr vorbei.

Sie lacht

Das Signal ziehen.

Siebenter Auftritt

Theobald *tritt mit Mandelstam auf* Was waren das am Fenster mit dem Mietzettel für widerwärtige Faxen?

Luise Die Zimmer sind, bist du einverstanden, vermietet.

Theobald Oho! *Zu Mandelstam* Was sagen Sie? Sein Sie indessen unbesorgt. Sie haben mein Versprechen. Freilich eine kritische Situation. *Zu Luise* Für?

Luise Fünfzehn Taler.

Theobald Inklusive?

Luise Ohne.

Theobald *zu Mandelstam* Denken Sie: fünfzehn Taler ohne.

Mandelstam Ich verstehe nicht.

Theobald Ohne Kaffee. Das kann einem in der Tat die Haare zu Berg treiben. Wäre ich nicht vor die Tür gegangen!

Zu Luise Hätten mich deine Firlefanzereien nicht getrieben! Ein Unglück kommt selten allein, und du siehst, wie sich's schlimm verkettet.

Zu Mandelstam Mir ist Geldgier fremd, des Mieters Person fällt nicht weniger schwer als Gold in die Waagschale, aber – – Sie sind Barbier, Herr?

Mandelstam Mandelstam.

Theobald Semit?

Mandelstam Doch nicht.

Theobald Drehen Sie sich ans Licht.

Mandelstam Mit einem M. Stam.

Theobald Ich bin Deutscher. Mache keinen Lärm um die Judensache, doch am besten das Rote Meer zwischen diese und mich.

Mandelstam Durchaus meine Meinung.

Theobald *drückt ihm die Hand* Bravo! Zur Sache: Sie waren bereit, fünf Taler für das kleinere Zimmer zu geben?

Mandelstam Mit Kaffee.

Theobald Nun ist einer da, der beide Räume für fünfzehn Taler brauchen kann. Ich mache folgendes Manöver: verwandle mich in Herrn Mandelstam, stelle an Sie, Herr Maske, die Frage, was wollen, dürfen Sie in eigenem, im Interesse Ihrer Familie tun?

Mandelstam Ihr Kalkül, sehe ich, liegt bei dem andern, doch habe ich Ihre Zusage, baue auf Ihr Manneswort. Meine Jugend ertrüge eine Enttäuschung in dieser Hinsicht schwer.

Theobald Freund, wohin? Kann ich, Sohn des Volkes, das einen Schiller gebar, abtrünnig sein?

Mandelstam Lieben Sie ihn?

Theobald Ich bin natürlich kein Kenner.

Mandelstam Wagner, nicht Schiller ist der Mann unserer Zeit.

Theobald Ihnen den letzten Zweifel zu nehmen, nenne ich den Namen: Luther.

Mandelstam Gut.

Luise Kann ich auftragen?

Theobald Essen Sie einen Löffel mit uns.

Mandelstam Dann bin ich so frei. *Sie setzen sich*

Theobald Geben Sie mir die Hand. Sie scheinen eine brave Haut, sind unschuldig an dem Malheur, das Sie anrichteten.

Mandelstam Meine Eltern verlor ich früh, lebe von meiner Hände Arbeit.

Theobald Doch sie ernährt Sie?

Mandelstam Ich schaffe drei Jahre bei demselben Meister.

Theobald Gut so.

Mandelstam Abends, jeden Groschen, den ich zurücklege, alles für Wagner. Lohengrin habe ich dreimal gehört.

Theobald Teufel!

Mandelstam Man ist in allen Himmeln.

Theobald Aber auch tüchtig spazieren gehen, Beine spreizen. Die Gesundheit.

Mandelstam Gesundheit – da allerdings – –

Theobald Was soll das heißen? Gib die Bohnen noch einmal – sprechen Sie rundheraus.

Mandelstam Was weiter, Sie erraten schon. Nicht daß ich von einem bestimmten Leiden sprechen könnte.

Theobald Aber?

Mandelstam Meine Mutter war zart, auch nicht hinreichend ernährt. Vater trank ein Glas mehr als er vertrug.

Theobald Potz!

Mandelstam Hätte ich einen völlig gesunden Körper zur Welt gebracht, Sie dürfen glauben, ich hätte andere Möglichkeiten des Lebens für mich ins Auge gefaßt.

Theobald Hörst du, Luise?

Luise Ja.

Theobald In der Tat, Gesundheit, Kraft vor allem. Fassen Sie diesen Schenkel, den Bizeps.

Mandelstam Riesig.

Theobald Mein Junge, damit reite ich das Leben sozusagen. Einen Zentner hebe ich. Wollen Sie glauben, ich stemme Sie mit einem Arm in die Luft. Das Wesen spürt's, an dem ich meine Muskeln reibe. Man muß Sie ein wenig päppeln, armer Kerl. Wie wär's Sie gäben sich bei uns in Pflege?

Mandelstam Wenn's meine Mittel nicht übersteigt, bin ich glücklich.

Theobald Was meinst du, Luise? Spürst du keine Regung? Was müssen wir verlangen?

Luise In einer Minute ist das nicht zu überschlagen.

Theobald Hierzu sage ich kein Wort, Jüngling. Das ist Sache der Frau. Besprechen Sie's mit ihr, ich hätte nichts dawider. *Zu Luise* Gib mir zur Feier des Tages eine Zigarre.

Luise Du wolltest mitbringen. Es ist keine mehr da.

Theobald Über dem Rumor vergessen. Ich laufe hinüber. Ist dem andern Mieter zuzutrauen, er behülfe sich mit einem großen schönen Zimmer?

Luise Er kommt ein Viertel nach drei. Sprich mit ihm.

Theobald Man könnte, handelt es sich um längeren Termin, einen Wandschirm kaufen, gewissermaßen zwei Räume entstehen lassen; auch mit einem Vorhang wäre viel getan. Will er aber nicht?

Mandelstam Ich habe Ihr Wort.

Theobald Herrgott, Sie haben Ihr Zimmer, Mandelstam aus dem Stamm der Arier. Ich bin sofort zurück. *Exit Einen Augenblick Schweigen*

Mandelstam Verzeihung. – –

Luise Mich wundert, Sie wollen den Raum nicht sehen. Es muß Ihnen viel daran liegen, gerade in diesem Haus zu wohnen. Sind Sie drüben bei Meister Lämmerhirt in Stellung?

Mandelstam Ich arbeite in der Lindenstraße.

Luise Fünfzehn Minuten Weg von hier. Das ist seltsam. Wäre es nicht klüger –?

Mandelstam Ich habe Gründe.

Luise Sind Sie kurzsichtig? Sie sehen mich so an.

Mandelstam O Frau Maske!

Luise Was ist Ihnen? Sie wurden über und über rot.

Mandelstam Denken Sie nichts Unrechtes, nicht einmal Seltsames von mir.

Luise Ihre Geheimnisse kümmern mich nicht.

Mandelstam Ich habe ein einziges, seit heute morgen, wäre erlöst, hätte ich es mir von der Seele gewälzt.

Luise Vertrauen Sie sich meinem Mann an.

Mandelstam Er muß der letzte sein! Sein Mitgefühl wäre mit einemmal dahin. Nichts Entehrendes, etwas, das mich kaum betrifft, Sie mehr als jeden sonst angeht.

Luise Wie mich? *Sie ist aufgestanden*

Mandelstam *erhebt sich* Verzeihung.

Luise Reden Sie.

Mandelstam Ganz ohne meine Schuld – –

Luise Bitte!

Mandelstam Noch nie war ich in solcher Lage. Doch, doch – – ich sage es schon: Ihre Hose –

Luise Was – –?

Mandelstam Heute – –Ihre – –

Luise Still!

Achter Auftritt

Theobald *kommt zurück* Entscheidung?

Luise Ich will mit dir darüber sprechen.

Theobald Gut. Vorläufig ziehen Sie ein. Wollen Sie eine Zigarre?

Mandelstam Ich rauche nicht.

Theobald Lunge kaputt? Faßten Sie meinen Brustkasten ins Auge? Darin hat alles reichlich nebeneinander Platz. Kommen Sie her, stellen Sie sich vor mich hin. Arme auseinander. Rumpf rückwärts beugt. Langsam. Tiefer. Hören Sie mal, darüber müssen wir aber ernstlich miteinander reden.

Mandelstam Ich bin erschöpft.

Theobald Das faucht wie ein Blasebalg. Aber aber – – *Es klingelt*

Theobald *geht zu öffnen.*

Luise *schnell zu Mandelstam* Es war nichtswürdig, zu kommen.

Mandelstam Schelten Sie nicht.

Luise Machen Sie sich fort!

Neunter Auftritt

Scarron *tritt auf* Ich hatte die Ehre, der Dame mein Anliegen vorzutragen.

Theobald Meine Frau teilte mir mit, Sie brauchen zwei Zimmer. Es ist nun, mein Herr, der Fall eingetreten, daß ich, ohne von Ihrem Angebot zu wissen, das kleinere der Zimmer an Herrn Mandelstam, der übrigens aus gut deutscher Familie ist, fortgegeben habe.

Scarron Oh!

Luise Herr Mandelstam meinte gerade –

Mandelstam Aber nein, ich bin zu bleiben entschlossen.

Theobald Das wissen wir nun. Restiert die durchaus plausible Möglichkeit, Sie begnügen sich mit dem übrigbleibenden großen schönen Raum. Er mißt sechseinhalb Meter zu fünf. Wollen Sie ihn bitte gründlich ansehen, uns Ihre wohlerwogene Entscheidung sagen. *Er führt ihn in die Tür und ins Zimmer*

Luise *zu Mandelstam* Ihr Benehmen ist unwürdig. Ich mache meinem Mann Mitteilung.

Mandelstam Daran kann ich Sie nicht hindern. Bitte aber, es zu unterlassen, denn ich muß sonst Herrn Maske auf folgendes hinweisen: Was veranlaßt den vornehmen Herrn Scarron, Quartier in solchem Haus zu suchen, wenn nicht –

Luise Sie kennen ihn?

Mandelstam Hatte die Ehre, ihm zweimal die Haare nachzufärben.

Luise Verleumdung!

Mandelstam Er wird sich dessen nicht erinnern, wohl aber weiß ich um sein Wesen Bescheid.

Luise Und was veranlaßt Sie zu alledem?

Mandelstam Heute morgen las ich den Fliegenden Holländer nach. Kennen Sie Senta, Frau Maske? So träumerisch sind Sie auch. Ich las noch, als ich Sie mit Ihrem Mann kommen sah, als Sie zwei Schritt von mir, der am Boden lag, vorbeigingen. Plötzlich – –

Luise Zwei Schritt nur! Empörend! Schließlich geht mich Ihr Gebaren nichts an. Ich verachte Sie gründlich – das ist alles.

Zehnter Auftritt

Theobald und Scarron kommen zurück

Theobald Herr Scarron ist einverstanden. Würdigt die Vorzüge des Zimmers, gibt zwölf Taler. Übrigens beabsichtigt er, es nur Stunden über Tages zu benutzen.

Scarron In der Tat.

Theobald Für wichtige Arbeiten, die er im Trubel der belebten Straße, die er bewohnt, nicht vollenden kann.

Scarron In der Tat.

Theobald Ich durfte ihn versichern, wir werden alles aufbieten, ihm den Aufenthalt angenehm zu machen. Meine Frau, werter Herr, besitzt die Geschicklichkeit, das Zartgefühl und die Zuvorkommenheit einer Person aus besserem Bürgerstand, und Gewißheit tüchtiger Herkunft gibt uns wohl einen gewissen Stolz, trotzdem scheuen wir, meine Frau besonders, nicht leicht eine Gefälligkeit.

Scarron Ich bin sehr erfreut, in der Tat.

Theobald Zum Schluß die Frage der Zimmernachbarschaft zu berühren, hält Herrn Mandelstam, der übrigens aus gut deutscher Familie – das sagte ich schon –, sein Geschäft den ganzen Tag außer Haus. Wir können also unsere volle Aufmerksamkeit zwischen Ihnen teilen, tagsüber kann sie sich uneingeschränkt

Herrn Scarron, die übrige Zeit Herrn Mandelstam zuwenden. Fällt mir ein: Es gibt auf dieser Seite einen Alkoven, der durch eine Scheibe aus unserm Schlafzimmer so weit erleuchtet ist, daß Herr Scarron, was er nicht in sein Zimmer bringen mag, dort aufbewahren kann. Wir werden ihm ein Gardinchen anhängen, so daß wir nicht hinüberzusehen imstande sind. Und die Bequemlichkeit, meine Herren, auf halber Treppe. Eigentlich wäre nun alles in schönster Ordnung. Indem ich jedem von Ihnen einen Haus- und Flurschlüssel einhändige, hindert Sie nichts mehr, diese Wohnung zu allen Zeiten als die Ihrige anzusehen. Darf ich der Form halber, Herr Scarron, fragen, trägt die Arbeit, die Sie bei uns vorhaben, keinen staatsgefährlichen oder sonst die Ordnung der Dinge aufhebenden Charakter? Ich bin Beamter.

Scarron Keineswegs, Herr. Ich gebe mein Ehrenwort.

Theobald Ich nehme es und empfinde von Person zu Person, Ihnen birgt das Wort Ehre noch den ungeheuren Inhalt, den es für jeden Deutschen hat.

Mandelstam Bis morgen früh!

Theobald *zu Scarron* Und den Kontrakt auf ein Jahr.

Scarron Gewiß.

Theobald Bis morgen.

Scarron Gnädige Frau!

Theobald Bis morgen.

Scarron und **Mandelstam** *ab.*

Luise Der Barbier ist ein unangenehmer Rüpel.

Theobald Weil er nicht nach Wohlgerüchen wie der andere duftet.

Luise Er wird uns seine Krankheit, tausend Unsauberkeiten ins Haus tragen.

Theobald Eine Krankheit hat er ohne weiteres nicht, ist marode, schwächlich, mark- und saftlos vom Leben in Herbergen und bei Hungerleidern. Das gibt sich wieder. Im übrigen, meine gute Luise, verhältst du dich heut und die nächsten Tage noch still und bleibst mit deinem Maulwerk fort, sonst haue ich dir den Hintern so gründlich voll, daß dir die Sprache für eine Zeit überhaupt vergeht. Danke Gott, blieb deine heutige Schlamperei anscheinend ohne üble Folgen. Hoffentlich ist dir mit voller Deutlichkeit bewußt geworden, wie tief du im Glück sitzt.

Und was ererbte Gesundheit gilt, muß dir vor der Jammerfigur dieses hohlwangigen Friseurs aufgedämmert sein. Aber auch wenn du den untadelhaft gekleideten, gut gebürsteten Mann mittlerer Jahre scharf ins Auge faßt, kann dir nicht entgehen, wie sich hinter einer vorgetäuschten Zielsicherheit ein untergrabener Wille nur schlecht verbirgt. Glaub, Beste, die Worte, die ich von Ehre und Gewissen sprach, trafen einen vorurteilslosen Gesellen. Immerhin hat er für ein Jahr gemietet.

Luise *bricht in Schluchzen aus.*

Theobald *mit lautem Lachen* Das ist klassisch! In welchem Zusammenhang Tränen für diese eher komische Person? *Er* *tätschelt sie* Soll ich ihn dir wirklich vollhauen? Du dummes Luder, lache doch! Ich bin durch diese beiden minderwertigen Männlichkeiten, die Gott uns ins Haus sandte, wahrhaftig wieder guter Laune. War das denn nicht zum Schießen, wie er stand und sagte: gnädige Frau! Zu meiner Luise, die die Hosen verliert.

Luise *schluchzt heftiger.*

Theobald Und dann: in der Tat! in der Tat! in der Tat! Wie ein Nußknacker. *Er schüttelt sich vor Lachen*

In der andern Ecke dieser Seifenschaumengel, der nach Luft schnappte. Wer da vor Vergnügen nicht hin ist, hat überhaupt keinen Sinn für göttlichen Humor. *Sie lachen und weinen im Duett*

Vorhang

Zweiter Aufzug

Erster Auftritt

Der gleiche Raum. ***Theobald*** *kommt aus dem Alkoven.* Das Gardinchen wäre angebracht.

Mandelstam *am Kaffeetisch* Warum befestigen Sie es nicht von Ihrer Seite aus?

Theobald Er soll die Überzeugung haben, man will ihm nicht in seinen Kram sehen.

Mandelstam Hat er die gleiche Absicht, bleibt nichts einzuwenden.

Theobald Seine knappen Antworten mir gegenüber, Zurückhaltung lassen es vermuten.

Mandelstam Der Hochmut höherer gesellschaftlicher Stellung.

Theobald Zog er dann hierher? Er fand bei besser Situierten die stille Stube, die er für die Arbeit wünscht.

Mandelstam Was tut der Mann eigentlich?

Theobald Warum vermeiden Sie die Bezeichnung Herr? Soviel ich aus ihm hören konnte, will er ein Erlebnis, das ihm am Herzen liegt –

Mandelstam Abenteuer!

Theobald Erlebnis, sagte er. Achten Sie auf Ihre Neigung, Bezeichnungen zu verschieben. Ein Erlebnis, das ihm naheging, niederschreiben.

Mandelstam So, so; ein Erlebnis!

Theobald Sprechen Sie es so aus, treffen Sie es wieder nicht.

Mandelstam Sie sind genau.

Theobald Das ist natürlich. Das Ungenaue ist Umweg. Von morgens neun bis nachmittags drei habe ich amtliche Schriftstücke vor mir. Wollte ich da ungenau sein!

Mandelstam Nun ja, man spricht manches so hin. Ich soll meine Kunden unter dem Messer unterhalten, sehen, daß sie einen Schnitt, ein wegrasiertes Bartende nicht bemerken. Da ist kein langes Überlegen, man schleudert Worte. Nur keine Unterbrechung.

Theobald So sind Sie ein Opfer Ihres Berufs! *Er lacht*

Mandelstam Ein Erlebnis! Wahrscheinlich eine Liebesgeschichte.

Theobald Möglich. Müssen Sie samstags erst um acht im Geschäft: sein?

Mandelstam Muß? Ich richte mir's halt ein. Der Chef kommt auch nicht eher, und das Arbeiterpack wird vom Lehrling geschabt.

Theobald So gehen Sie wenigstens morgens spazieren. Wäre ich meines Leibes unsicher wie Sie, setzte ich alles daran, ihn zu kräftigen.

Mandelstam Weit gehen, strengt mich an.

Theobald Anfangs. Ich möchte Sie, sich über Ihren Zustand volle Klarheit zu verschaffen, veranlassen.

Mandelstam Warum?

Theobald Damit Sie wissen, woran Sie sind.

Mandelstam Gestatten mir meine Mittel keine ausreichende Hilfe – was nützt Wahrheit?

Theobald Potztausend, Mann, was nützt Lüge?

Mandelstam Schließlich ist ringsum alles Lüge.

Theobald Sie sind ein Kauz. Ein Pessimist. Alles Lüge, geradezu Lüge?

Mandelstam Lachen Sie nicht. Ich werde beweisen.

Theobald *lachend* Wo?

Mandelstam Wo Sie wollen, überall, bei allen.

Theobald *lachend* Bei Ihnen selbst?

Mandelstam *wütend* Gewiß.

Theobald Bei Herrn Scarron?

Mandelstam Auch.

Theobald *brüllend* Meiner Frau?

Mandelstam Gerade.

Theobald Bei mir?

Mandelstam Sicher.

Theobald *tosend* Sie sind ein Haupthahn, Mirakel, Geld wert! Sind Sie am Ende gar nicht Barbier? Ein verkleideter Baron, Liebhaber meiner Frau, der sich einschlich?

Mandelstam *wutschnaubend* Herr Maske!

Theobald Ein Kerl mit Bombenkräften, Gekrösen wie Pulversäcke.

Zweiter Auftritt

Luise kommt aus der Schlafkammer

Theobald Luise, laß deiner Bürgerlichkeit Gerüche hinter dir. Mandelstam ist Baron. Dein Liebhaber, und die Welt ist Lüge, basta!

Mandelstam Herr Maske, ich muß mir ernstlich verbitten– –

Theobald Nein, lieber Freund. So sicher Sie den Leuten den Bart abnehmen, nicht ganz sattelfest sind, so bestimmt ich an nichts denke, als daß meine Kolumnen stimmen, Herr Scarron Liebesgeschichten dichtet, meine Frau zu mir gehört, so sicher ist, was meine Augen sehen, und so bestimmt ist Lüge nur, was Sie träumen. Und das kommt aus der Leber, der Lunge oder dem Magen. Ich ruhe nicht, bis Sie Gewißheit darüber haben. Kommen Sie mit?

Mandelstam Danke. In zehn Minuten.

Theobald Ärgern Sie sich nicht über mich. Vielleicht schlägt Ihre Stunde noch, und Sie überzeugen mich. Nie, Bester; aber darum keine Feindschaft zwischen uns. Also, ich laufe. Sie wollen nicht?

Mandelstam Danke!

Theobald Gut. Auf Wiedersehen.

Exit

Mandelstam Der macht es einem wirklich leicht.

Luise *mißt ihn* Der? – – Einem?

Mandelstam Das ist ja lächerlichste Gutgläubigkeit.

Luise Er vertraut, wo er darf.

Mandelstam Ihm werden die Augen, daß es eine Art hat, aufgehen.

Luise Über Menschen, die er zu sich ins Haus nimmt.

Mandelstam Ganz meine Meinung.

Luise Die sich durchsichtigen Vorwandes bedienen.

Mandelstam Den ein Kind durchschaute! Eine Liebesgeschichte, fern vom Lärm der Straße, niederschreiben!

Luise Beleidigen Sie mich, rufe ich meinen Mann zurück.

Mandelstam Rufen Sie; er ist noch auf der Treppe. Reizen Sie mich, noch bin ich nicht außer mir. Warum lacht er fortgesetzt so dämlich über mich, warum das spöttische Mitleid im Ton? Was haben Sie für Veranlassung, mich zu verachten? Ich – das sage ich frei – habe ein Gefühl für Sie, das aber weit davon entfernt ist, Ihnen anders als achtungsvoll nah zu treten.

Luise Daran wird Sie niemand hindern.

Mandelstam Sie selbst! Glauben Sie, ich sehe ruhig mit an, wie Sie ein anderer für sich erobert, ertrüge, was sich vorbereitet, litte es als Mitwisser? An diesem Tisch schwöre ich: mit allen Mitteln will ich es verhindern!

Luise Wann müssen Sie samstags zur Arbeit?

Mandelstam Sie unterschätzen mich, Frau Maske. Hier legte einer einen Schwur ab. So wahr Gott helfe, Sie kommen nicht ans Ziel!

Luise *langsam* Sie sind ein Kind.

Mandelstam Ein exaltierter Mensch. Das weiß der Himmel.

Luise Ein rechtes Kind. Erregen sich über nichts und gar nichts.

Mandelstam Verachtung lasse ich mir nicht zeigen.

Luise Kommen ganz außer Atem. Nehmen Sie noch ein Täßchen Kaffee. Eine Honigsemmel will ich Ihnen streichen.

Mandelstam Hat man niemand in der Welt.

Luise Nur ordentlich Zucker!

Mandelstam Man hat eben niemand in der Welt.

Luise Das ist Honig von meinem Vater. Zwei Meilen von hier hat er ein Häuschen im Grünen.

Mandelstam Hat man seine Eltern kaum gekannt.

Luise Ich bin sonst geizig mit ihm.

Mandelstam Man ist so blödsinnig allein. Keine Wurzeln in der Erde, nichts, an das man lehnt, das einen hält.

Luise Ein bißchen pflegen muß man Sie. Es ist vieles nervös. Nur sind Sie so wild.

Mandelstam Nein. Sanft.

Luise Heftige Naturen muß ich verachten. Das Gehorsame, Schmiegsame liebe ich. Die guten Kinder.

Mandelstam Wer keine Mutter hatte, dessen einziger Wunsch ist es doch.

Luise Ja – dessen einziger Wunsch! Man kennt das.

Mandelstam Frau Maske, das behaupte ich bei dem Andenken an meine tote Mutter, die auf uns schaut in diesen Augenblicken: nie werde ich eine Grenze, die Sie mir setzen, überschreiten.

Luise Nicht, daß ich etwas gegen Sie hätte.

Mandelstam War doch nicht meine Schuld, was ich gestern sah.

Luise Davon dürfen Sie nie wieder sprechen! Keine Silbe. Mich erschreckte, wie Sie auftraten, ich sah unangenehme Auseinandersetzungen mit meinem Mann voraus.

Mandelstam Als ob ich nicht bis zum letzten Atemzug zu Ihnen stünde.

Luise Gut – so werden wir im Lauf der Zeit noch Freunde.

Mandelstam Und Herr Scarron?

Luise Was kümmert mich der Geck!

Mandelstam Wohl Geck. Doch könnten Sie mich täuschen. Ich habe mit Frauen nicht genügend Erfahrung, wenn ich auch kein Neuling bin. Wahrhaftig nicht.

Luise Es ist nicht unmöglich, er verfolgt geheime Absichten. Doch Sie vergessen mich, setzen ein Einverständnis voraus, das mich empört. Halten Sie mich für so blind, ich sähe nicht, diesem verwöhnten Don Juan würde ich nur eine leichte Beute sein, die er ebenso schnell wie hastig es ihm in den Sinn kam, sie zu besitzen, ließe? Opferte Ruf, alle Vorteile meiner Stellung für eines andern Begierden?

Mandelstam Seine Blicke auf Sie ließen vermuten –

Luise Eure Blicke sind ohne Erlaubnis anmaßend.

Mandelstam Ich will gewiß nie anmaßend, genügsam, mit dem Geringsten, einem Hauch zufrieden sein.

Luise Überlassen wir alles der Zeit.

Mandelstam Doch hoffen Sie nicht, mich zu täuschen.

Luise Wie leicht Sie angezogen sind. Das sollten Sie nicht. Nehmen Sie etwas um, es regnet in Strömen.

Mandelstam Wenn Sie das sagen! Das macht mich im Nu gesund und stark. Da merke ich kein Wetter. Das Halstuch nehme ich noch herunter.

Luise Aber nein! Besser Vorsicht als Nachsicht.

Mandelstam Wie Sie das sagen!

Luise Wollen Sie ein Butterbrot mit ins Geschäft nehmen?

Mandelstam Daß Sie daran denken!

Luise Ich sage mir, es müßte Ihnen gut tun.

Mandelstam Ich brauche nicht zu essen, habe meine himmlischen Träume. Was schiert mich irdischer Jammer. Wäre es Ihnen recht, wir lesen abends den Fliegenden Holländer miteinander?

Luise Ist's eine Liebesgeschichte?

Mandelstam Die himmlischste. Hören Sie, was der Holländer von Senta sagt:

> Wird Sie mein Engel sein?
> Wenn aus der Qualen Schreckgewalten
> Die Sehnsucht nach dem Heil mich treibt.

Der Qualen, die mein Haupt umnachten,
Ersehntes Ziel hätt' ich erreicht.

Luise Schön. Jetzt gehen Sie, sonst versäumen Sie sich.

Mandelstam Noch den Schluß:

Ach, ohne Hoffnung, wie ich bin,
Geb ich mich doch der Hoffnung hin.

Und nun erst gesungen! Das geht einem durch Mark und Bein.

Luise Bis zum Mittag.

Mandelstam *mit Kußhänden* Bald! bald! bald!

Exit

Dritter Auftritt

Deuter *tritt unmittelbar darauf auf* Wer ist der windige Mensch?

Luise Ein aufdringlicher, gefährlicher Bursche. Sah gestern auch, was niemand sehen sollte, hat sich unter gleichem Vorwand wie unser Freund eingeschlichen. Sie teilen sich in die Zimmer.

Deuter Hört!

Luise Das schlimmste: er haßt Herrn Scarron und mutmaßt. Eben schwor er hier, er litte nie – was sagen Sie?

Deuter Alberne Geschichte!

Luise Ich halte ihn fähig, Theobald die ganze Geschichte, bevor das geringste geschah, anzutragen. Außer mir bin ich. Als ich vorhin hereinkam, rief mir mein Mann entgegen: Mandelstam – so heißt der Badergesell – ist dein Geliebter. Es war im Lachen gesagt, doch muß der andere ernsthaft von Möglichkeiten solcher Art gesprochen, mindestens seine Reden in dem Fahrwasser geführt haben.

Deuter Wie verhielten Sie sich ihm gegenüber?

Luise Ich schmeichelte, suchte ihn sicher zu machen.

Deuter Recht.

Luise Aber – –

Deuter Es wird ihm scharf von mir auf die Finger geguckt. Sie sehen, wie gut es ist, ich stehe Ihnen zur Seite.

Luise Was halten Sie da?

Deuter Raten Sie.

Luise Antworten Sie.

Deuter Den Batist.

Luise Sie Liebe! Wie zart!

Deuter Gefällt er?

Luise Herrlich! Wohl teuer?

Deuter Das ist vornehmer als Seide.

Luise Wie er auf der Haut liegen muß.

Deuter Anders als Ihr garstiger Köper. Köper auf solchem Körperchen. Ich will das Bundmaß sehen, nehmen Sie das Röckchen auf. 65, sagen wir 66 Zentimeter.

Luise Haben Sie das Band schon?

Deuter Hier.

Luise Himmlisch! Meine beste Freundin sind Sie. Und wollen das alles für mich tun und sind selbst noch jung genug?

Deuter Ich gab aufrichtig alle Hoffnung auf. Sonst hätte ich nicht so viel Zeit für Sie übrig.

Luise Man muß für Sie beten.

Deuter Glauben Sie, es nützt?

Luise Zu so großem Zweck muß alles versucht werden.

Deuter Wie Sie Fortschritte machen!

Luise Bin fest entschlossen. Diese Nacht hat völlig über mich entschieden. Ein süßer Traum schon.

Deuter Reden Sie.

Luise Sie Arme!

Deuter Kein Wort mehr oder ich weine laut heraus.

Luise Es findet sich schon einer für Sie. Wie wäre es mit dem Barbier?

Deuter Pfui! Da nähme ich eher Ihren Mann. *Sie lachen ausgelassen*

Vierter Auftritt

Scarron *öffnet die Tür von außen und tritt auf* Welche himmlische Heiterkeit. Vom Regen trete ich mitten in Tropensonne.

Luise *leise zur Deuter* Bleiben Sie!

Deuter Einen Augenblick, dann muß ich hinunter.

Scarron Mittels meines Flurschlüssels dringe ich unaufgefordert in Ihre lustigen Beziehungen und zerreiße sie. Lachen Sie weiter; wenn ich darf und mich eigne, möchte ich teilnehmen. Worüber war es?

Luise Fräulein Deuter –

Scarron *verneigt sich*

Luise Und ich sprachen von dem Barbier.

Scarron Von welchem Barbier?

Luise Von Mandelstam natürlich.

Deuter Ihr sei er zu häßlich, meinte Frau Maske, empfahl ihn mir als Liebhaber.

Luise Das Wort kam nicht von meinen Lippen.

Deuter Gott weiß, sie empfahl ihn mir in dem Sinn.

Luise Scherzhaft.

Scarron Ernsthaft ging es nicht an. Er ist nicht, was man einen Mann nennt.

Deuter Immerhin für eine ältere Jungfer gut.

Scarron Wer soll das sein?

Luise Sie will eine Artigkeit.

Deuter Nichts dergleichen, doch Ihr Urteil über diesen Stoff, Herr Doktor. Was ist's?

Scarron Batist wohl. Was soll's damit?

Deuter Hosen gibt's für die junge Frau; Verzeihung: Beinkleider sagt man in Ihren Kreisen.

Luise Fräulein Deuter!

Deuter Sie störten uns im Maßnehmen.

Luise Fräulein Deuter!

Deuter 66 Zentimeter, das nenne ich doch schlanke Hüften, Herr Doktor.

Scarron Ein so süßes Geschäft hätte ich Ihnen nicht aufhalten dürfen.

Luise Herr Scarron!

Deuter Nur noch die Länge brauche ich. *Bückt sich und mißt* 63 bis über die Knie.

Luise Genug. Was tun Sie!

Scarron Darf ich, da ich in so zarte Begebenheit geriet, einen Rat geben? Die Frauen, die nichts als Putz und Mode wissen, den Ton in allen Fragen des Geschmacks angeben, würden vielleicht nicht ganz so weit wie Sie, mein Fräulein, hinuntergemessen haben, hätten den Punkt etwa zwei bis drei Zentimeter oberhalb des Knies gefunden.

Deuter Gehen Sie uns zur Hand. Auf solche Kenntnisse rechnete ich. Ob dann unsere Weite von achtzehn dem neuesten Schnitt entspricht?

Scarron Man läßt das Beinkleid unten möglichst weit, legt es nach oben fester an.

Deuter Bliebe die Frage –

Luise *fliegt ihr an die Brust* Trude, jetzt schweigst du; ich wäre ewig böse!

Scarron *zu Deuter* Und Sie selbst sind mit dieser wichtigen Angelegenheit betraut? Alles geschieht von Ihren Händen?

Deuter Sie würden mir ein Kompliment nicht vorenthalten, hätten Sie, das Fertiggestellte im Sitz zu bewundern, Gelegenheit.

Scarron Wie verdiene ich Ihre Freundschaft?

Deuter Merken Sie, ich bin zu Ihren Gunsten da!

Scarron Sie scheinen Patin eines Glücks sein zu wollen, das die schützende Hand nötiger als der Vogel hat, der nicht flügge ist.

Deuter Was aber fliegen will –

Luise Und nicht zu fliegen weiß?

Deuter Ich bin sozusagen nur ein halber Vogel, der zur rechten Zeit den Mut nicht hatte, in der Dachrinne sitzen blieb. Von mir darfst du Unterweisungen nicht erwarten.

Scarron Deren bedarf es nicht.

Deuter Übrigens befleißigt sich das Nesthäkchen. Fand ich es gestern schon flatternd in inniger Berührung mit den höheren Regionen.

Scarron Wagen wir den Flug!

Deuter Ein Stößer kreist am Horizont! Nicht der alte fette Uhu, der nur nachts zu fürchten ist. Eine schlanke hungrige Wolke, die blitzschnell in Verstecke fällt.

Scarron Wer?

Deuter Eine Wolke Seifenschaum, ein Schaumschläger.

Scarron Der Barbier!

Luise Stellt mir nach! Passe auf, dulde nichts, rief er mir ins Gesicht. Ich bin unglücklich!

Deuter Da das Wort fiel, gehe ich. Vorsicht!

Scarron Dank!

Deuter Ich will mein möglichstes tun.

Exit

Scarron Luise!

Luise Ich habe Angst.

Scarron Setz dich zum Tisch.

Luise Mir fallen die Füße fort.

Scarron Jeder darf zur Tür herein, denn ich berühre dich nicht. Dir mehr als zwei Ozeane entfernt, bin ich an diese Bergwand gelagert.

Vom Leben in zwei blauen Sonnen ausruhend. Sie entsenden Willensströme, versengen das Nächste, entzünden Ferneres mit freudiger Wärme. Deine zusammengerollte Hand hat gegriffen, genießt den hinschmelzenden Gedanken. Der Busen wallt schon auf. Ich sehe den Musselin sich schieben. Und jetzt entblätterst du von der Krone zur Wurzel, Luise, bist vom Schicksal hingeschlagen!

Luise *hat, wie eine Schlafende, den Kopf in die Arme auf den Tisch vergraben.*

Scarron Das Leben begann mit Vater und Mutter. Geschwister bewegten sich bedeutend auf mich zu, vom Vater kam ein kaum unterbrochener Laut. Wo blieb das plötzlich? Nur noch den bittend geschwungenen Arm der Mutter sah ich, stand in einem Tosen, das den Boden zerriß, Himmel auf mich warf, lief mit einem Ziel ohne Wege. Steh auf, Weib, ich komme in falsche Leidenschaft hinein! Ganz etwas anderes muß ich dir sagen: Herrliche Frauen gibt's auf der Welt, Luise. Blonde, mit blaßroten Malen, wo man sie entblößt, dunkle, die wie junge Adler einen Flaum haben, denen im Rücken eine Welle spielt, reizt man sie. Manche tragen rauschendes Zeug und Steine, die wie ihre Flüssigkeiten schimmern. Andere sind knapp geschürzt, kühl wie ihre Haut. Es gibt Blonde, die einen Flaum haben, dunkle mit blassen Malen. Demütige Brünetten, stolze Flachsige. Der Himmel ist voller Sterne, die Nächte voller Frauen. Sublim schön ist die Welt – aber! *Große abgerissene Geste*

Luise *hat sich erhoben.*

Scarron Du bist die Schönste, die mir erschien. Gewitter erwarte ich von dir, Entladung, die meine letzten Erdenreste schmilzt, und in den Wahnsinn enteilend, will ich meinen entselbsteten Balg zu deinen aufgehobenen Füßen liebkosen. *Er ist dicht an sie getreten*

Bevor du deine Hand in meine senkst, besieh sie flüchtig. Möglich ist es, Gott läßt aus ihr unserm gemarterten Lande Muttersprache in guten neuen Liedern fließen. Wardst du inne: ich liebe dich inbrünstig Luise? Es darf daran kein Zweifel sein.

Luise Ich bin dein!

Scarron Wie antik die Geste! In drei Worte hüllt sich ein Schicksal. Welche Menschlichkeit! Gelänge es, sie im Buch festzuhalten – neben den Größten müßte ich gelten.

Luise *neigt sich* Laß mich dein sein!

Scarron Tisch, Feder an dein Wesen heran; schlichter Natur angenähert, muß das Kunstwerk gelingen.

Luise Dein!

Scarron So sei es! In einem Maß, das über uns beiden ist. Nie innegewordenes Feuer bläst mich an, Glück kann nicht mehr entlaufen. In Rhythmen schwingend, fühle ich mich selig abgewendet. Dir auf Knien zugewendet, will ich der Menschheit dein Bild festhalten, und es dir aufzeigend, den ganzen Lohn deiner Gnade fordern. *Entläuft in sein Zimmer*

Luise Warum – ? Was?

Sie tritt an Scarrons Tür, lauscht. Nach einigen Augenblicken nimmt sie sich ein Herz, klopft. Mein Gott! Warum ?

Haucht sie, lauscht, nähert sich, dann dem Tisch, von dem sie, mit Blick auf Scarrons Tür, Mandelstams Halstuch hebt, das sie an ihr Gesicht führt. In diesem Augenblick taucht **Mandelstam** *vor der Flurtür auf. Man sieht, wie er sein Gesicht an dieselbe preßt. Dann öffnet er leise, tritt herein.*

Fünfter Auftritt

Mandelstam Himmel, mein Tuch! *Tritt dicht zu Luise*

Luise Wie bin ich erschrocken! Wo kommen Sie her?

Mandelstam Erschrocken?

Luise Sich so herzuschleichen.

Mandelstam Ist das mein Tuch?

Luise Weiß Gott.

Mandelstam *küßt sie* Luise!

Luise *ohrfeigt ihn* Unverschämter!

Mandelstam Verzeihung!

Luise *ist an Scarrons Tür getreten und hat laut an dieselbe geklopft.*

Scarrons *Stimme* Noch fünf Minuten!

Luise *steht verwirrt.*

Mandelstam Ich flehe Sie an! Es riß mich hin. Nie wieder! Ich töte mich!

Luise *auf ihr Zimmer zu.*

Mandelstam *wird ohnmächtig.*

Luise Heiland! *Läuft zu ihm* Wasser! *Sie holt Wasser und flößt ihm ein*

Mandelstam Wie gut mir ist!

Luise Am Kinn bluten Sie. Was ist das für eine Spitze?

Mandelstam Ein Bohrer!

Luise Wie durften Sie ihn in die Tasche stecken! Tödlich hätte es Sie verwunden können.

Mandelstam Wenn es Sie bewegte!

Luise *sich erhebend* Ein junger Mensch voll Hoffnungen. Was sind das für tolle Geschichten! Legen Sie sich einen Augenblick ins Sofa.

Mandelstam *legt sich* Zu allen Zeiten wird er mir verraten, was im Zimmer des Herrn Scarron vorgeht!

Luise Sie wollen –?

Mandelstam Die Wand durchlöchern! Ich bin rasend, tobe, Luise, vor Eifersucht, kenne mich nicht mehr. Was trieb Sie gerade an die Tür dieses Elenden? Verkennen Sie mich nicht! Trotz meiner Schwäche werde ich ihn ermorden!

Luise Welches Recht –!

Mandelstam Ich liebe Sie, Luise!

Sechster Auftritt

Scarron *schnell aus seinem Zimmer* Ton, Farbe, Valeurs stehen, bis ins kleinste mir nicht mehr zu entreißen, fest. Ich komme, ganz Dankbarkeit und Liebe – – *Er bemerkt Mandelstam* Pardon!

Siebenter Auftritt

Theobald *tritt schnell ein* Mahlzeit, meine Herren!

Vorhang

Dritter Aufzug

Erster Auftritt

Der gleiche Raum. Alle sitzen um den mit Resten des Abendbrots bedeckten Tisch.

Theobald *zu Mandelstam* Es kam dem Meister hart an, die Arbeit nachmittags ohne Sie zu bewältigen. Sie hätten Ihr Unwohlsein auf einen andern Tag als Samstag legen dürfen, meinte er.

Mandelstam Der erste Nachmittag, den ich seit drei Jahren aussetzte.

Theobald Er hofft, Sie sind bis übermorgen wieder wohl. Liegt doch der ganze Sonntag dazwischen.

Mandelstam Jeder Hund will Ruh, ist ihm nicht koscher.

Theobald Koscher? Hm. Doch wie Sie wollen. Im übrigen hatte ich eine gründliche Unterhaltung mit einem Kollegen, der über ähnliche Zustände wie Sie klagt. Er kennt das Innere seines strapazierten Körpers wie das Gehaltsreglement, operiert mit lateinischen Namen. *Er ist aufgestanden, geht in den Hintergrund*

Mandelstam *folgt ihm eifrig* Aber, wie zum Teufel können Sie meinen Fall vergleichen?

Scarron *leise zu Luise* Ich verbiete dir, den Lümmel anzustarren!

Luise Er tut mir wirklich leid.

Scarron Ist ein abgefeimter Halunke, Schnapphahn, der uns durch seine Anwesenheit mit Absicht den Nachmittag verdarb, und du –

Theobald In allererster Linie handelt es sich um die Nerven, sind die übrigen Organe, das eine mehr, das andere weniger, auch infiziert. Verstand ich ihn recht, muß man sich jeden Nerv als feinen Schlauch, den schützend ein zweiter Schlauch umgibt, vorstellen. Bei entkräfteten Personen ist dieser andere hüllende Schlauch wie Rinde an Bäumen abgebaut – verhält es sich so, Herr Scarron?

Scarron Ungefähr, soviel ich weiß.

Theobald Und es ist über Erwarten schwer, den gefressenen Schaden wieder gutzumachen.

Mandelstam Wie in aller Welt kommen Sie darauf, meine Nerven wären – Unerhört, ohne mich genau angesehen zu haben –

Theobald Bleiben Sie doch still; ich will Sie nicht aufregen. Nur meine ich, es muß Sie manch einer auf den Zustand Ihrer Nerven gedeutet haben.

Mandelstam Niemand.

Theobald So frage ich den unbefangenen Beobachter. Wie erscheint Ihnen, Herr Scarron, unser Freund?

Scarron Typischer Neurastheniker.

Mandelstam Ha!

Theobald Es kommt, wie gesagt, natürlich anderes dazu. Bei dem Betreffenden ist es der Magen, der infolge langjähriger Mißhandlung durch unzureichende Ernährung ruiniert ist, während ich bei Ihnen auf die Lungen raten möchte.

Luise Du mußt Herrn Mandelstam nicht ängstlich machen, Theobald.

Theobald Im Gegenteil suche ich, ihn einer Katastrophe gegenüber zu wappnen.

Luise Aber er stellt bedenkliches Kranksein in Abrede.

Mandelstam Unbedingt.

Theobald Um so besser. Ich erachte es einfach für meine Pflicht.

Mandelstam Und ich halte es für wenig überlegt, diffizilen Menschen solche Dinge mitzuteilen. Es ist natürlich, man beschäftigt sich weiter damit.

Theobald Gehen Sie einen nichts an.

Mandelstam Steht ein Fenster auf?

Theobald Ein Spalt.

Mandelstam Darf ich schließen? *Er tut's*

Luise Nehmen Sie Ihr Tuch um den Hals!

Mandelstam Herzlichen Dank.

Scarron *zu Theobald* Was Ihren kranken Kollegen angeht – ich finde unvergleichliche Wohltat in dem Gedanken: das Schwache, Lebensunfähige, muß dem Starken, Gesunden weichen.

Luise Aufgabe des Kräftigen soll es sein, die Hinfälligen zu stützen. Das lehrt auch Religion.

Scarron Die anderer Jahrhunderte; nicht unsere.

Theobald *reicht Mandelstam eine Zeitung* Lesen Sie!

Scarron Wir sind darüber hinaus. In die dumpfe stockige Mitleidsatmosphäre vergangener Jahrhunderte führten wir einen Windzug.

Mandelstam Wo? Mir flimmert's vor den Augen.

Theobald *zeigt* Da! Die Seeschlange soll in den indischen Gewässern wieder aufgetaucht sein.

Mandelstam *wütend* Was schiert mich das!

Theobald Vielleicht lenkt es Sie ab.

Scarron *zu Theobald* Ist Ihnen der Name Nietzsche zu Ohren gekommen?

Theobald Wieso?

Scarron Er lehrt das Evangelium der Zeit. Durch das mit Energien begnadete Individuum kommt Ziel in die unübersehbare Masse der Menschen. Kraft ist höchstes Glück.

Theobald Kraft ist freilich Glück. Das wußte ich auf der Schule, hatten die andern unter mir zu leiden.

Scarron Natürlich meine ich nicht brutale Körperkräfte. Vor allem geistige Energien.

Theobald Ja, ja.

Mandelstam Erst heute morgen merkte ich: mein Zimmer liegt nach Nordost.

Theobald Einen Augenblick. Ja, Sie haben recht.

Mandelstam Das ist natürlich außerordentlich ungünstig auch für den Stärksten.

Scarron *zu Luise* Herrenmoral soll dem schlappen Hund gezeigt werden. Heute nacht setze ich alles daran, zu dir zu gelangen.

Luise Um Gottes willen!

Scarron Für wen hältst du mich? Glaubst du, meinem fertigen Willen ist der Gotteseibeiuns gewachsen?

Luise Warten Sie noch!

Scarron Nein! Das Schicksal ist reif.

Theobald *hat Mandelstams Tür geöffnet* Stellen Sie das Bett an die dem Fenster entgegengesetzte Wand, schlafen Sie nach Südwest. Blendende Gegend!

Mandelstam In die Kissen spüre ich den Zug.

Scarron *zu Luise* Heute noch sollst du mit mir im Paradiese sein!

Theobald *zu Mandelstam* Jetzt übertreiben Sie.

Mandelstam *tritt in sein Zimmer. Man sieht, wie er sich dort zu schaffen macht.*

Scarron *zu Theobald* Hörten Sie von diesen Theorien nie sprechen? Lesen Sie so wenig?

Theobald Gar nicht. Sieben Stunden tue ich Dienst. Dann ist man müde.

Scarron Das ist bedauerlich. Woran haben Sie das Maß für Ihr Denken?

Theobald Unsereiner macht sich weniger Gedanken als Sie vermuten.

Scarron Immerhin leben Sie nach bestimmtem Schema.

Theobald Schema F, wenn Sie wollen.

Scarron Das heißt, essen, schlafen, schreiben Akten ab? Und wohin soll das führen?

Theobald In die Pension, so Gott will.

Scarron Schauerlich. Für Politik kein Interesse?

Theobald Ich war, was Bismarck tat, gespannt.

Scarron Der ist lange tot!

Theobald Nachher passierte nicht mehr viel.

Scarron Wissenschaft?

Theobald Für unsereinen kommt nicht viel dabei heraus.

Scarron Wissen Sie, daß Shakespeare lebte, kennen Sie Goethe?

Theobald Goethe beiläufig.

Scarron Um Gottes willen!

Theobald Sie nehmen das zu tragisch.

Scarron Bequeme Lebenstheorie.

Theobald Ist bequem nicht recht? Mein Leben währet siebenzig Jahre. Auf dem Boden des mir angelernten Bewußtseins kann ich manches in diesem Zeitraum auf meine Weise genießen. Wollte ich mir höhere Meinung, Ihre Regeln, zu eigen machen, hätte ich bei meiner schwierigen Veranlagung in hundert Jahren kaum die Regel inne.

Luise Daß aber kein Mitleid mehr sein soll?

Scarron Ist einfach nicht.

Luise Wenn ich es fühle –

Theobald Misch dich nicht in unsere Gespräche!

Mandelstam *tritt wieder ein* Eine wollene Decke möchte ich mir von Frau Maske ausbitten. Das Bett stellte ich um.

Theobald Das war vernünftig.

Luise Sie sollen eine Decke haben. *Geht in ihr Zimmer*

Scarron Ich beurteile den Mann einfach nach dem Grad seiner Mitarbeit an der geistigen Entwicklung des Menschengeschlechts; Heroen sind die großen Denker, Dichter, Maler, Musiker. Der Laie so bedeutend, wie weit er sie kennt.

Mandelstam Und die großen Erfinder!

Scarron Aber nur soweit sie die Menschheit, die Gedanken des Genies schneller auszutauschen, geschickter machen.

Theobald Und wo bleiben Sie mit dem Gemüt?

Scarron Wie?

Theobald Drückte ich mich nicht richtig aus? Wie brauchen Sie das Herz dazu?

Scarron Das Herz ist ein Muskel, Maske. *Luise kommt wieder*

Theobald Gut. Doch es hat eine Bewandtnis mit ihm. Bei den Weibern vor allem.

Luise *zu Mandelstam mit einer Decke* Sie ist groß genug, Sie einzuwickeln.

Mandelstam Besten Dank.

Scarron Kommen Sie mir nicht, handelt es sich um letzte Probleme, mit solcher Einfalt. Weiber, Frauen sind bei Gott eine köstliche Sache, ringt aber ein Shakespeare um Hamlets Seele, Goethe um die Einsicht in einen Faust, bleibt das Weib beiseite.

Mandelstam Schwarz hat nicht an seine Frau gedacht, als er das Buchdrucken erfand, und Newton nicht und Edison und Zeppelin auch nicht.

Luise Ist das sicher?

Scarron Meinen Eid darauf.

Mandelstam Da schwöre ich mit.

Theobald Von Goethe zu schweigen, meinetwegen von Schwarz – immerhin – um mich so auszudrücken, die Weiber haben ihr Herz.

Scarron Ein Muskel, Maske!

Theobald Aber sie leben davon, machen die Hälfte der Erdbewohner aus.

Scarron Alles gut und wohl. Sie aber sind kein Weib; müßten von Ihrer Würde als Mann durchdrungen sein. Neben allem Häuslichen, Freundlichen, das Sie mit Ihrer Frau vereint, gibt es Augenblicke, in denen Sie fühlen, es trennt Sie eine Welt; wo das Mannhafte in Ihnen Sie überwältigt und mit tollem Stolz erfüllt.

Mandelstam Toll! Wundervoll gesprochen!

Luise Es sind nicht alle Männer Ihrer Art.

Scarron Tiefinnerst alle, verehrte Frau.

Mandelstam Sicher!

Theobald Ich weiß nicht. Es gibt so etwas, das ist richtig; aber eigentlich habe ich mich immer dagegen gewehrt.

Scarron Da haben wir's! Sich gewehrt gegen – Natur.

Mandelstam Teufel! Toll!

Scarron Was anders macht den Mann zum Riesen, gigantischen Obelisk der Schöpfung, der dem Weib unüberwindlich ist, als transzendentaler Wille zur Erkenntnis, den tiefste erotische Wollust nicht paralysiert?

Mandelstam Paralysiert – himmlisch!

Luise Mein Mann ist anders geartet.

Theobald Luise, bleib mir mit deinem blöden Geschwätz vom Leib! – Aus meiner persönlichen Erfahrung gesprochen: ich konnte mich nicht überzeugen, daß es mir in meiner Ehe Vorteile gebracht hätte, hätte ich das Gefühl dieser Unterschiedlichkeit in mir gestärkt und zum Ausdruck gebracht.

Scarron Persönlichen Vorteil – davon gilt es, abzusehen. Da es unbestreitbar ist, von der Erhaltung des rein Männlichen hängt für die Menschheit jeder Fortschritt ab.

Luise Du lieber Gott!

Mandelstam Wer hätte vor zehn Jahren gedacht, wir fliegen!

Theobald Vor allem freut es mich, Sie beide einig zu sehen. Wie angenehm, zwei Mieter, die sich nicht in den Haaren liegen.

Mandelstam Da steht Mann zu Mann.

Scarron Den Aufschluß über Ihre wirkliche Meinung sind Sie uns übrigens noch schuldig. Bisher lehnten Sie die unsere ab.

Mandelstam Ist Zeppelin kein Held?

Scarron Können wir Plato und Kant entbehren?

Mandelstam Was wäre die Welt ohne Eisenbahn und Telephon?

Scarron Ohne die Vorgänger ist Goethe Unmöglichkeit. Und, leugnen Sie Pontius und Pilatus, Goethe lassen Sie doch gelten?

Mandelstam Wagner! Das heiligste Gut der Menschheit!

Theobald *langsam* Dies beiseite, kommt soviel anderes dazu. Kinderkriegen und solche Dinge – –

Mandelstam Weibersachen!

Theobald Stürmen Sie nicht auf mich ein. Bezweifelte ich einen Augenblick die Richtigkeit Ihrer Tatsachen?

Scarron Das könnte kein Gott.

Theobald Doch die beiden, die ich aus meiner Erfahrung anführe, daß Frauen ein Herz haben, Kinder zur Welt kommen, bringen Sie in Harnisch.

Scarron Das sind Binsenweisheiten, die feststehen wie –

Theobald Bitte?

Scarron Mir fällt kein Vergleich ein. Eine Polemik mit Ihnen ist zwecklos.

Theobald Trinken Sie noch ein Glas Münchner. Luise, schenk Herrn Scarron ein.

Scarron Danke.

Theobald Man könnte morgen in den zoologischen Garten gehen. Sie haben sich eine Giraffe zugelegt.

Mandelstam *lacht auf* Giraffe!!

Theobald Warum lachen Sie?

Mandelstam Ich denke mein Teil.

Theobald Soll ich ehrlich sein: aus mir selbst wäre ich nicht auf die Idee gekommen, so ein Tier anzusehen. Ich bin solchen Knalleffekten und Seltsamkeiten der Natur abgeneigt. Da mir aber Herr Scarron so zusetzt, will ich etwas für meine Bildung tun.

Mandelstam *bricht in Gelächter aus.*

Theobald Nicht so wild, Herr Mandelstam.

Scarron Lieber Freund, Sie täuschen eine Beschränktheit vor –

Mandelstam Brett vor dem Kopf!

Theobald *zu Mandelstam* Pulvern Sie nicht mit Ihren geringen Kräften herum.

Scarron Müßte ein edles junges Weib neben Ihnen nicht Veranlassung zu höchster Leistung sein? Sich aus Ihrer Sphäre zu erheben?

Theobald Meiner Frau Eltern sind Schneiderseheleute, Generationen vorher waren das gleiche.

Luise Sechs Brüder sind auf dem Felde der Ehre gefallen.

Mandelstam Heutzutage wäre kein Mensch mehr so dumm, sich einfach hinschlachten zu lassen.

Theobald Ist das nicht mehr zeitgemäß? Vaterlandsliebe nicht modern?

Mandelstam Machten Sie mich vorhin beinah krank, machen Sie mich jetzt gesund. Trotz mancher Nachteile fühle ich mich doch eine andere Art Mensch, weiß, Bataillone stehen hinter mir. Nein, wir lassen uns mit solchem Geschwätz nicht mehr nahekommen, wissen, was es mit diesem Zeug auf sich hat. Der Höchstgeborene stammt wie ich und Herr Scarron vom Affen, alle Menschheit ist gleich, und jeder kann den höchsten Platz erringen.

Theobald Einverstanden. Wenn er mag. Nun gibt es aber Wesen, für die ist ein Platz wie der andere, und vor allem mögen sie den, an dem sie stehen. Mit dem, was mir Geburt beschieden, bin ich an meinem Platz in günstiger Lage und seiner bis zum Tod gewiß, unterscheide ich mich nicht allzusehr von meinen Kollegen im ganzen Vaterland. Nur besondere Tüchtigkeit oder außerordentliche Schande könnten mich um die Sicherheiten bringen, die er verbürgt.

Scarron Herr, das ist fürchterlich! Sklavenmoral!

Theobald *grinsend* Meine Freiheit ist mir verloren, achtet die Welt auf mich in besonderer Weise. Meine Unscheinbarkeit ist die Tarnkappe, unter der ich meinen Neigungen, meiner innersten Natur frönen darf.

Scarron Gott verhüte, Ihr Glaube wird von Ihren Berufsgenossen geteilt.

Theobald Wie meine Kollegen denken, kann ich nicht beurteilen. Daß fortschrittliche Auffassungen höheren Orts nicht beliebt sind, verbürge ich. Einer unserer Bürochefs hatte den Umgang seiner Frau mit einem andern geduldet; wie er in seiner Disziplinarschrift darlegte, wollte er der selbstischen Natur der Frau nicht in die Zügel fallen, ein Ausdruck, der früher für Pferde beliebt war. Heute hat er einen Mineralwasserausschank Ecke Widenmacher- und Fischerstraße.

Scarron Ein Märtyrer. Sein Weib sieht zu ihm auf.

Luise Seine Frau verachtet ihn gründlich.

Scarron Sie sind im Irrtum.

Luise Vom Grund ihrer Seele.

Mandelstam Das bezweifle ich auch.

Theobald Überlassen wir das den beiden.

Mandelstam Zufällig habe ich aus der eigenen Vergangenheit einen Beweis. Ich lebte mit der kleinen Frau Frühling, die die Gastwirtschaft in der Ahornstraße haben, und der Mann litt das Verhältnis.

Theobald Daß sie Frühling heißt und in der Ahornstraße wohnt, gibt der Sache kein Gewicht.

Luise *steht auf* Gute Nacht!

Theobald Du bleibst, bis wir alle gehen.

Mandelstam Sie verehrt den Mann seitdem.

Theobald Darauf muß ich einen Schnaps trinken. Geht jemand noch für eine Viertelstunde mit in den Goldenen Korb?

Scarron Ich bin verwirrter als ich es auszudrücken vermag. Zum erstenmal tritt mir solche Auffassung des Lebens als Überzeugung entgegen.

Theobald Eines kleinen Mannes.

Scarron Eines Mannes immerhin. Sie ließen, fühle ich, unter keiner Bedingung von ihr.

Theobald Unter gar keiner. Weil ich ins Wasser fiele.

Scarron Es wäre eine Aufgabe. Sie muß versucht werden.

Theobald Geben Sie sich keine Mühe.

Mandelstam Ich halte es auch für vergeblich.

Theobald Eventuell ließe ich mir drüben bei einem Gläschen Schnaps die Sache gefallen.

Scarron Vor allem nehmen Sie die Angelegenheit gefälligst so ernst wie ich.

Theobald Nein! Sonst wäre es mit meiner Höflichkeit vorbei, und manches Wort, das ich leiden durfte, fände ein Echo, das nicht nur für den andern bedenklich wäre. Also kommen Sie!

Scarron Selbst wenn Sie von einer Theorie unveränderlicher Werte ausgehen –

Theobald Mandelstam, Sie auch. Es gibt ein ausgezeichnetes Münchener.

Mandelstam Ich gehe schlafen.

Theobald Jeder nach seiner Fasson. *Er geht mit Scarron*

Scarron *neben Theobald heftig gestikulierend* Selbst wenn Sie mit Kant annehmen – –

Beide exeunt

Mandelstam Nach dem Gespräch muß ich vieles mit anderen Augen ansehen. An der Seite dieses vierschrötigen Schädels zu leben, ist Hölle. Auch sonst habe ich schon Begriffsstutzigkeit getroffen, doch solche Verbohrtheit – das ist ein Viechskerl! Dazu eine plumpe Vertraulichkeit, weil ich beiläufig erwähnte, ich sei der Stärkste nicht. Neben solcher Kreatur wirkt natürlich Herr Scarron wie der liebe Gott, reicht der Vergleich. Es gehört außerdem teuflische Brutalität dazu, einem Menschen ein Nordostzimmer anzuhängen, von dem man annimmt, seine Gesundheit sei völlig zerrüttet.

Luise Sie waren mit Herrn Scarron einer Meinung, man müßte mit niemand Mitleid haben.

Mandelstam Mitleid, wer will das? Anstand, Vornehmheit der Gesinnung verlange ich, wie sie, das muß ich anerkennen, Herr Scarron in höchstem Maß bewies.

Luise Womit?

Mandelstam Mit Worten. Packte er Sie nicht, empfanden Sie nicht, der Mann hat ein großes überströmendes Herz? Ist es nicht rührend, wie er noch am späten Abend versuchen will, Aufklärung in diesen Wasserkopf zu gießen? Freilich wird er nur das Grinsen ernten, das der Hausherr für mich hatte, als ich ihm sein Zimmer vorwarf.

Luise Wir besaßen kein drittes.

Mandelstam So war es, vor diesem zu warnen, Ihre Pflicht.

Luise Sie verlangten es!

Mandelstam Weil ich in Unkenntnis war.

Luise Mir ins Gesicht behaupteten Sie, meiner Person nah zu sein, müßten Sie unter allen Umständen auf dem Zimmer bestehen.

Mandelstam Wenn es aber den sicheren Tod für mich bedeutet!

Luise Sie übertreiben.

Mandelstam *lacht auf* Übertreiben! Nordost für Brustschwache – da fehlt der Vergleich. Kommt hinzu, mit dem Bewußtsein solcher Tatsache müssen meine Nerven revoltieren. Baumrinde! Abbauen – man sieht förmlich, wie sie abblättert! Sie in Ihrer robusten Gesundheit, Backen, wie Schminke. *Er läuft in sein Zimmer* Nicht mal Doppelfenster! Ohne wollenes Hemd krepiere ich noch diese Nacht, und meines ist in der Wäsche. *Er erscheint wieder* Glauben Sie, Jahre sind nötig, einen geschwächten Organismus unter die Erde zu bringen? *Verschwindet wieder in sein Zimmer* Sagte er doch selbst, sein Kollege müßte in drei Tagen sterben. Dazu funktioniert der Fensterriegel nicht. *Erscheint wieder*

Wie war die Sache mit dem Schlauch? Um Gottes willen, er sprach von einem Schlauch! Reden Sie ein Wort!

Luise Sie erwähnten schon, es hängt mit den Nerven zusammen.

Mandelstam Ich bin konfus; jetzt ist mir gar, er sprach von zwei Schläuchen, und es sei, sie wieder zusammenzuflicken, unmöglich. *Er verschwindet wieder und brüllt* Aber so ein Loch ist polizeiwidrig! Da stehen Schutzleute an allen Ecken, handelt es sich aber um einen armen Kerl wie mich, lassen sie ihn wie einen tollen Hund in einem Winkel verrecken! *Er erscheint wieder* Was hat der Doktor immer mit mir gemacht? Warten Sie. Sehen Sie mir in den Hals! *Er reißt den Rachen auf*

Luise Aber ich verstehe nichts davon.

Mandelstam Nein so! *Er wirft sich in einen Stuhl, schlägt die Beine übereinander.* Schlagen Sie gegen das Knie, so, mit der flachen Hand. *Und da Luise es tut, und sein Bein hochschnellt, schreit er auf* Ich bin verloren! Natürlich, die eine Nacht nach Nordost hat mich völlig entwurzelt!

Luise *fassungslos* Aber– –

Mandelstam *außer sich* Und da behaupten Sie Mitleid!

Luise *den Tränen nah* Sie wollten doch um alles in der Welt in meine Nähe.

Mandelstam *brüllt* Das ist Grabesnähe, ist ungeheuerlich! Darüber wird man noch reden müssen! *Er läuft in sein Zimmer, die Tür ins Schloß werfend, die er von innen verschließt.* ***Luise*** *steht bewegungslos*

Zweiter Auftritt

Deuter erscheint vor der Glastür. Luise öffnet ihr

Deuter Beide treffe ich Arm in Arm vor der Haustür?

Luise Woher kommst du so spät?

Deuter Aus der Komödie. Ein prachtvolles Stück von Sternheim. Später erzähle ich. Du hättest ihn sehen müssen, er funkelte förmlich.

Luise Wer?

Deuter Der Riese nicht, obgleich er nicht übel dabei stand. Er, unser Held! Sphäre von Gewalt und Mannheit um ihn!

Luise Ach–!

Deuter Von seiner Erscheinung fiel ein hübscher Abglanz auf Theobald, der bewegter schien als sonst. Den ganzen Tag durftet ihr beieinander sein! Erzähle, was wurde, was geschah? Ich brenne.

Luise Still! Mandelstam ist daheim.

Deuter Laß mich dir in die Augen tief hineinsehen. Bei Händen, beiden Armen laß mich dich fassen.

Luise Warum, Trude, willst du das?

Deuter Deines Glückes Atem trinken. In diesem Diwan saß er, deinem Wesen nah und näher jeden Augenblick. Schließlich gegen die Lehne gepreßt, vermochtest du nicht auszuweichen, mochtest nicht. Rede, was er tat.

Luise Ich erinnere mich nicht.

Deuter Spitzbübin, du bestiehlst mich. Ich will die lückenlose Beichte. Scheu dich nicht, Luise, ich las mehr, als du glaubst, träume dergleichen. Sah ich es nicht, ist es mir gleichwohl bekannt. Wie begann's? Er legte den Arm um dich?

Luise Irgendwo saß er im Zimmer.

Deuter Du?

Luise Am Tisch.

Deuter Dann trat er zu dir.

Luise Blieb, wo er war.

Deuter Und?

Luise Sprach.

Deuter Kannst du es wiederholen? Herrliche Dinge.

Luise Hatte ein Rauschen im Ohr.

Deuter Gewitter lud er in dich. So muß es sein, das habe ich gelesen. Und vor der männlichen Gewalt wird dir der Leib schwach. Füße versagen den Dienst.

Luise Für einen Augenblick war jeder Sinn von mir vergangen.

Deuter Glückselige! Dann?

Luise Kam zu mir er.

Deuter Luise! Und?

Luise Sprach.

Deuter Und?

Luise Sagte.

Deuter Und?

Luise Sprach.

Deuter Weiter? Als er alles gesagt hatte?

Luise Ging er.

Deuter Was?

Luise Ging.

Deuter Was er tat?

Luise Ging.

Deuter Rief: ich liebe dich!

Luise Ja.

Deuter Du?

Luise Auch.

Deuter Bin dein!

Luise Das – –

Deuter Du auch?

Luise Aus meinem Herzen!

Deuter Dann?

Luise Ging er.

Deuter Wohin?

Luise In sein Zimmer.

Deuter Du folgtest?

Luise Nein.

Deuter Unglückselige!

Luise Da er die Tür schloß, trat ich nach, wagte zu klopfen.

Deuter Klopftest?

Luise Doch öffnete er nicht.

Deuter Wie? Schloß sich ein? – Jetzt hab ich's, Mandelstam war da!

Luise Nein.

Deuter Bist du sicher? Nicht in der Nähe, ohne daß du ihn sahst? Er aber hatte ihn bemerkt?

Luise Ha!

Deuter Denk nach.

Luise Wirklich trat gleich Mandelstam ein.

Deuter Ha!

Luise Mir fällt es überraschend ein.

Deuter Siehst du! Meinen Helden mir verstellen! Zu weit gerissen in seiner Gebärde, bemerkt er den schleichenden Fuchs, vor dem ich ihn gewarnt. Da fällt Rede und Geste in den Alltag, schonend entfernt sich überstürzt der Zartfühlende, des Intriganten gierige Augen sehen die Frau gehörig allein. Wie recht ich hatte, wie wenig du ihn begreifst. Benutzte er nicht die erste sich bietende Gelegenheit, den Liebesschwur zu erneuern?

Luise Doch und zeigte Eifersucht dem Barbier.

Deuter So machte ich mir sein Bild in der Ferne richtiger als du, da du ihn vor dir sahst.

Luise Nachher aber im Gespräch der Männer –

Deuter Wovon handelten sie?

Luise Da war es ganz verloren. Ich ging hinaus und mußte weinen.

Deuter Fälschlich geweint hast du so.

Luise Dann war falsch, was ich Abscheu nannte gegen meinen Mann und Zuneigung zu diesem. Dann war vom ersten Tag des Lebens Täuschung alles in mir, trog das Elend, das mir bei seinen ferneren Reden die Kehle schnürte.

Deuter Du hast ihn in jenen Augenblicken so wenig verstanden wie seine frühere Schonung. Nicht aufgenommen, was er im Schild führte. Höre und trau meiner tiefsten Überzeugung: er bereitet die Tat vor, die dich mit einem überwältigt.

Luise Ich bin in Verzweiflung, für ewig unglücklich.

Deuter Kleingläubige, nicht umsonst zieht er den Gatten nachts von deiner Seite, nicht um Geringes fasziniert er ihn durch Lebensfeuer, verstrickt ihn in Bedenken und Probleme. Wärest du mit mir in der Komödie gewesen, du bautest auf dein bevorstehendes Glück. Da erschien ein Mensch, der Mauern ersteigt, Tore sprengt, Feuer legt, der Geliebten nah zu sein. Da gießt sich in Strömen die Überzeugung von des Mannes Gewalt auf uns arme Brut. Törin, was beginnen wir? Die Zeit, die wir verratschen, stehlen wir dem wartenden Helden. Gute Nacht, Kuß!

Ich schwöre bei den Gebeinen aller Heiligen, es geschieht! Still, leg dich, husch, lösch alle Lichter. Er kommt! *Sie huscht hinaus*

Luise Wär's möglich? *Sie sitzt unbeweglich, lauscht. Dann geht sie zum Fenster, schaut hinaus. Setzt sich, steht auf, tritt ins Schlafzimmer, in dem sie Licht zündet. Zurückkommend beginnt sie, das Antlitz an die Flurtür gepreßt, sich langsam zu entkleiden. Da hallen Schritte aus dem Treppenhaus. Sie löscht das Licht auf der Szene, steht bebend. Doch verliert sich der Ton. Sie sagt Nein! Mechanisch knöpfen ihre Finger weiter, fetzt nähert sie sich Mandelstams Tür, deren Klinke sie berührt, geht schleppenden Schritts in die Mitte der Bühne zurück. Dort bleibt sie, von hinten beleuchtet, in Hemd und Hose, sich langsam in ewiger Wiederholung das offene Haar kämmend, während Mandelstams Schnarchen die Luft erschüttert. Vorhang*

Vierter Aufzug

Erster Auftritt

Der gleiche Raum

Theobald *ruft ins Schlafzimmer* Wie liederlich du den Hosenträger wieder geflickt hast! Davon darf nicht die Rede sein, daß ich über die beiden Kerls vernachlässigt werde.

Luise *kommt und schenkt ihm Kaffee ein.*

Theobald Keiner von ihnen ist zum Glück da. Auf Scarron ist vor Mittag nicht zu rechnen. Nachdem er bis zwei Uhr nachts wie ein

Halluzinierter auf mich eingesprochen, mußte ich den Todmüden auf ausdrückliches Verlangen in seine Wohnung Nummer eins bringen, weil dort das Bett besser sei. Fünf halbe Liter, drei Schnäpse habe ich getrunken, und die Folge war ein veritabler Durchfall.

Luise Er kommt nicht.

Theobald Ich verstehe nicht, wie man so fest schlafen kann wie du, wenn einer fortwährend läuft. Wo ist der Honig?

Luise Keiner mehr da.

Theobald Schauerwirtschaft! Schaff wieder. Dazu liebe ich nicht, Wäschestücke von dir auf meinem Stuhl zu finden. Du läßt mich aus dem Predigen nicht herauskommen.

Luise Ich hatte mit Mandelstam noch einen Auftritt wegen seines Zimmers nach Nordost und sank zu Bett.

Theobald Dieser Mensch ist völlig verrückt! Was fällt ihm bei, Norden und Osten für minderwertige Himmelsgegenden zu halten. Im Osten geht die Sonne auf, jeder Maler will nach Norden wohnen, und ein jämmerlicher Bader beansprucht für fünf Taler womöglich Westen und Süden dazu.

Luise Für seine kranke Brust wäre in der Tat der Süden zuträglicher. Und du sagst, Herr Scarron kommt heute nicht; wie ist das möglich?

Theobald Putz dir gefälligst die Nase, du sprichst verstopft. Was heißt das, wie das möglich ist? Er war angetrunken, ihm wird heute nicht zum besten sein.

Luise Angetrunken?

Theobald Besoffen, rundheraus. Zuletzt war es ein Jammer, ihn zu sehen. Trotz seines Zustandes verließ ihn die Idee nicht, mich bekehren zu müssen. Schließlich schien er von der Tarantel gestochen.

Luise Mein Gott!

Theobald Eine seltsame Zierpflanze in Gottes Garten ist der Mann. Dazu riecht er aus dem Mund.

Luise Theobald! Aber er hatte, hat er nicht bisweilen Heldenhaftes?

Theobald Wie in einem Roman meinst du?

Luise Wie in einem Roman.

Theobald Gott – Luise: ein tüchtiger Mensch ist er nicht. Müßte er für deinen Geschmack nicht um vieles heldenhafter sein – den Mangel auszugleichen?

Luise Doch.

Theobald So unernst ist, was er beginnt. Im Grund, glaube ich, ist er der Marotte, die ihn zur Arbeit hertrieb, auch wieder satt. Mir kann's gleich sein. Er hat schriftlich auf ein Jahr gemietet.

Luise Läßt du mich heute zur Kirche? Ich habe Not.

Theobald Sicher, Taube! Wohl bedacht finde ich's. Die vergangene Woche trug in deiner gefallenen Hose große Gefahr für uns beide in sich. Du tust nur deine Pflicht, dankst du dem Schöpfer. Inzwischen erwäge ich eine folgenschwere Absicht in meinem Hirn völlig zu Ende.

Luise Sag sie!

Theobald Da bist du neugierig. Mit Recht. Kommst du zurück, Luise; laß mir noch ein Stündchen darüber. Du wirst staunen!

Luise Ja? *Sie geht in den Alkoven*

Theobald Was schaffst du?

Luise Die Gardine gehört in unser Zimmer aufgemacht. So kann uns ja jeder hinübersehen.

Theobald Fall mir nicht vom Fensterbrett. *Er folgt ihr. Man hört ihn drinnen* Was das Weibchen für stramme Waden hat!

Zweiter Auftritt

Mandelstam *tritt ein, setzt sich hastig zum Kaffeetisch, schickt sich gierig zu essen an. Tritt, die Tür zu schließen, an den Alkoven.* Wie?! *Als er* ***Theobald*** *erkennt* Verzeihung!

Theobald *verlegen* Ich hörte Sie nicht kommen. Wir schaffen die Gardine in unser Zimmer hinüber.

Mandelstam Gefrühstückt? *Er setzt sich*

Theobald Doch.

Luise *geht über die Szene ins Schlafzimmer.*

Mandelstam Guten Morgen, Frau Maske.

Theobald Sie scheinen gut ausgeschlafen.

Mandelstam Die Erregung, in die Sie mich versetzten, überwältigte mich derart mit Schlummer – wirklich ausgezeichnet geschlafen.

Theobald *lacht* Trotz Nordosts?

Mandelstam Wirklich. Obwohl –

Theobald Ein Obwohl?

Mandelstam Das Bett ist gut.

Theobald Besser als der weichste Bauch.

Mandelstam Obwohl –

Theobald Hören Sie die Straße?

Mandelstam Keinen Laut, obwohl –

Theobald Die Morgensonne stört?

Mandelstam Nichts liebe ich so – freilich –

Theobald Ist bei so vielen Vorzügen der Preis von fünf Talern zu billig. Sie verdanken ihn meiner Frau.

Mandelstam Nicht aber, daß Sie mich bei Gelegenheit steigern.

Theobald Fürs erste nicht.

Mandelstam Das ist unklar ausgedrückt, da weiß man sich an nichts zu halten. Es ist gerecht, einen Termin festzulegen.

Theobald Warum wollen Sie sich binden?

Dritter Auftritt

Luise kommt.

Mandelstam Bekomme ich heute keinen Honig?

Luise Nirgends in der Welt erhält man Honig ohne ein Extra.

Mandelstam Meinte, er sei einbeschlossen.

Luise Dann irrten Sie. Der Zucker ist ohnedies seither im Handumdrehen zu Ende. *Zu Theobald* Auf Wiedersehen.

Theobald Und recht überlegt!

Luise

exit.

Theobald Warum wollen Sie sich binden? Stellt wirklich der Arzt Ernsteres fest, findet Nordost für Sie nicht unbedenklich, sind Sie in Verlegenheit. Das Bett ist freilich gut. Die Matratze ein Roßhaar, wie Sie's heute am Vollblut nicht mehr finden.

Mandelstam Unbestreitbar.

Theobald Morgensonne und tiefste Ruh. – Wie's so geht, kurz vor Ihrem Kommen hatten wir beschlossen, das Bett durch ein anderes zu ersetzen. Fräulein Deuter, eine Hausgenossin, hatte uns sechzig Taler dafür in die Hand geboten.

Mandelstam Das dürfen Sie nie und nimmer tun!

Theobald *ist in Mandelstams Zimmer getreten*. So ein Daunenzudeck! Und hat die Frau nicht gegen mein ausdrückliches Verbot ein zweites Kopfkissen hineingetan!

Mandelstam Es kurz zu machen: auf ein Jahr. Wir verstehen uns, Herr Maske.

Theobald Ihr leidender Zustand –

Mandelstam Ich fühle mich wie ein Riese.

Theobald Von Tag zu Tag steigen die Preise in dieser Gegend. Nach drei Monaten ist das Zimmer acht Taler statt fünf wert.

Mandelstam Sie werden mich so erregen, daß der Vorteil der Nacht in Frage steht.

Theobald Ein Äußerstes zu tun. Sechs Taler.

Mandelstam Ich kann nicht.

Theobald Besser so.

Mandelstam Also gut, ein Ende zu machen, gut. Bismarck und Luther hatten Sie im Maul, ich hätte so was nicht gedacht.

Theobald Abgemacht!

Mandelstam Auf ein Jahr. Und setzen wir ein Wort darüber auf. Ich schreibe: Herr Maske vermietet Herrn Mandelstam bis zum 15. Mai … ein Zimmer einschließlich Morgenkaffees.

Theobald Ohne Honig.

Mandelstam Um sechs Taler. Das im Zimmer befindliche Bett darf nicht durch ein anderes ersetzt werden. Unterschreiben Sie.

Theobald Wenn's meiner Frau nicht recht wäre. Sie findet Sie abscheulich.

Mandelstam Mein Gott, wir haben nichts miteinander zu tun.

Theobald Da Sie ihr als Hausgenosse unsympathisch sind. Sie fühlt sich behindert.

Mandelstam Nicht durch mich. Mit tausend Eiden will ich's ihr bekräftigen. Sie schiert mich nichts, soll tun und lassen was sie mag. Jagen Sie mich doch nicht auf die Straße! Ich gebe ja zu, das Bett ist gut. Bei meinem elenden Zustand – seien Sie barmherzig!

Theobald Also–da Sie mich nicht loslassen. Ein Unmensch bin ich nicht. *Er schreibt* Da steht's: ***Theobald*** Maske.

Mandelstam Fände sich noch ein Lehnstuhl überflüssig?

Theobald Ich zerreiße es lieber – meine Frau –

Mandelstam *reißt das Blatt an sich* Hol der Teufel Ihre Frau!

Theobald Gute Hausgenossenschaft dann!

Mandelstam An mir wird's nicht fehlen. *Er sieht in sein Zimmer hinein* Da hätten Sie das Bett in meinem bisherigen Unterkommen sehen müssen. Ein Marterkasten. Und von allen Seiten unaufhörlicher Lärm. Dazu eine Menagerie, ja – Flöhe, Wänzchen, Lieber; in die Tapete hatte ich mit ihnen aus Stecknadeln Richard Wagners Namenszug als Muster gesteckt.

Er lacht

Gestern abend ließ ich mich ein wenig gegen Sie hinreißen. Es war nicht schlimm gemeint.

Theobald Damit war ich sehr zufrieden. Übereinstimmung mit Herrn Scarron vor allen Dingen. Er zahlt gut, wir sind ihm Rücksichten schuldig.

Mandelstam *den Hut auf dem Kopf* An mir wird's nicht fehlen.

Theobald Wohin wollen Sie heute?

Mandelstam Ins Parkhaus hinaus.

Theobald Benutzen Sie den freien Tag nicht besser, einen tüchtigen Arzt zu befragen?

Mandelstam Nicht, solange es mir wie heute geht.

Theobald Wie heißt sie denn?

Mandelstam Noch gar nicht. Die letzte Frieda. Jetzt hat sie einen Techniker.

Theobald War sie stramm?

Mandelstam Mächtig. Darauf sehe ich. Heute beim Feuerwerk findet sich schon wieder anderes.

Exit

Theobald Es fiel mir nur beiläufig ein, ihn zu überfordern. Ein ausgemacht schwaches Hirn, dummer Kerl. Achtzehn Taler zusammen, 18 mal 12 ist 180 – – ist 216 Taler auf ein Jahr. Die Wohnung kostet 115. Bleiben hundertundzehn. Siebenhundert verdiene ich, macht's achthundertundzehn, achthundertelf Taler, und wir wohnen umsonst. Es geht, geht, wird sich machen lassen. Das ist schön, vortrefflich. Wer ist das?

Vierter Auftritt

Deuter *steht vor der Tür.*

Theobald *ihr öffnend* Nur hereinspaziert, Fräulein. Gerade sprach man von Ihnen.

Deuter Wer?

Theobald Ein Balbier und ich.

Deuter Der üble Kerl.

Theobald Schien stark für Sie interessiert, Fräulein.

Deuter Lassen Sie den Witz.

Theobald Hatte sanften Augenaufschlag und sagte Trude.

Deuter Woher weiß er meinen Rufnamen?

Theobald Wer, der das Glück hat, mit Ihnen unter einem Dach zu sein, weiß ihn nicht!

Deuter Sie wollen mich aufziehen.

Theobald Sei Gott vor.

Deuter Ist Ihre Frau hier?

Theobald Zur Kirche.

Deuter Herr Scarron ist abwesend?

Theobald Er fand ein geblümtes Kleid an Ihnen gestern abend diskutierbar, wußte vor der Tür ein hübsches Wort für Sie.

Deuter Das hieß?

Theobald Popottig.

Deuter Was ist das?

Theobald Genau kann ich's nicht deuten. Aber es hat etwas. Was halten Sie so krampfhaft im Arm?

Deuter Nichts für Sie. Herrn Scarrons Bezeichnung für mich finde ich albern. Ich kann nichts Angenehmes heraushören.

Theobald Mir gefällt sie und scheint passend.

Deuter Daß Sie nicht wissen, was sie will – *Sie setzt sich aufs Sofa*

Theobald Am Klang –

Deuter Klang–!

Theobald Ein Bild gibt es. Man denkt ein Paar runde Arme, allerhand.

Deuter Albern. Von einer Frau heißt es häßlich oder hübsch.

Theobald Oder spinös oder popottig.

Deuter Spinös – – ach Gott, ich bin eine alte Jungfer.

Theobald *der ihr das Paket genommen und geöffnet hat* Das ist eine Hose! Und was für eine! Rosa Schleifchen von Seide und Spinnweb ein Stoff. Wer so etwas tragen will, spricht das alte Jungfer hin, eine Schmeichelei herauszuzaubern.

Deuter Glauben Sie?

Theobald Bejahrte Schaluppen ziehen nicht Segel von Seide auf.

Deuter Um noch begehrt zu sein.

Theobald Im Märchen. Im Leben sparen sie die unnütze Ausgabe.

Er hält die Hose ausgebreitet in die Luft Schmiß hat das Ding, und sitzt's der Besitzerin angegossen, gelingen die hübschesten Vorstellungen mit ihm.

Deuter Herr Maske! So kenne ich Sie nicht.

Theobald Überhaupt mich nicht. Gewissermaßen war ich Ihnen bis heute sogar unsympathisch, ließ es, weil's mir in den Kram ging. Aber da kommen Sie gestern mit dem verteufelten Kleid, heut in der verschmitzten Hose –

Deuter Ich trage sie züchtig auf Armen, sie Ihrer Frau zu zeigen.

Theobald Wenn alles gut und richtig geht, gehören weiße Strümpfchen dazu.

Deuter Daß Sie über so etwas denken!

Theobald Gutes Mädchen, wissen Sie genau, ob meine Gedanken nicht schon mit Ihnen beschäftigt waren? Mir ist ganz so. Wie Sie mich jetzt ins Gespräch über diese delikaten Dingerchen bringen, bin ich Ihren Vorzügen, die Sie bei Gott deutlich sichtbar haben, nicht so fremd, wie es bis eben scheinen mochte.

Deuter Wüßte Ihre Frau darum.

Theobald Sie weiß nichts. So etwas würde ich ihr nicht erzählen, weil es ihr Kummer machte. Das treibe ich im geheimen. Nicht oft, doch mit Vergnügen.

Deuter Jeder Mensch ist schließlich nur ein Mensch.

Theobald Gar nicht schließlich. Ich vom vierzehnten Jahr ab.

Deuter Zweiunddreißig bin ich. Ein Mädchen hat es nicht so leicht.

Theobald Nicht gerade schwerer.

Deuter Meine Eltern waren unbeschreiblich streng. Vater schlug mich wegen einer versäumten Minute, starb nicht, bis ich neunundzwanzig war.

Theobald Das ist hart.

Deuter Dann zog ich hierher; doch unter den Augen der vielen alten Weiber im Haus –

Theobald Ist Ihre Wohnung verschlossen?

Deuter Ich machte zu, als ich heraufging. Jeder spioniert in diesem Haus.

Theobald Zehn Uhr zwanzig – Nun weiß ich's. Eines Abends sah ich zufällig aus den Fenstern unseres Zimmers hinunter zu Ihnen, als Sie –

Deuter Ich gehe wieder. Ihre Frau wird zurückkommen.

Theobald Nicht vor einer Stunde.

Er steht in der geöffneten Tür des Schlafzimmers. Schauen Sie, wie deutlich sichtbar Ihre Stube vom Platz an meinem Bett ist.

Deuter *geht auf ihn zu* Wirklich?

Die Tür fällt hinter beiden ins Schloß

Fünfter Auftritt

***Scarron** tritt nach einem Augenblick durch die Flurtür ein, sieht sich suchend um. Es klopft an der Flurtür; Scarron öffnet*

Sechster Auftritt

Der Fremde Man sagt mir unten im Haus, hier sei ein Zimmer zu vermieten.

Scarron Der Vermieter ist nicht anwesend. Vielleicht bemühen Sie sich später noch einmal herauf. Soviel ich weiß, ist im Augenblick ein Zimmer nicht frei.

Der Fremde Die Hausmeisterin behauptet das Gegenteil.

Scarron Bestimmtes kann ich freilich nicht sagen –

Der Fremde Ob viele Kinder im Haus sind, Klavier gespielt wird – vermögen Sie Auskunft zu geben?

Scarron Nein.

Der Fremde Danke. Wann wird der Hausherr zurücksein?

Scarron Auch darüber vermag ich nichts zu sagen.

Der Fremde Guten Tag.

Exit

Scarron *geht in sein Zimmer.*

Siebenter Auftritt

Theobald *sieht aus der Schlafstube.* Wer war das?

Geht zu Scarrons Tür, horcht und läuft zur Schlafstube. Komm! Scarron ist zurück.

Deuter *kommt* Hast du mich lieb? Wann sehe ich dich wieder? Heute noch? Morgen früh, ehe du gehst!

Theobald Wir wollen nichts übertreiben. Ich will mir überlegen, wie wir am besten fahren. Schließlich, denke ich, setzen wir einen bestimmten Tag der Woche fest, für den ich alle Dispositionen treffe.

Deuter Einmal nur soll ich dich in sieben Tagen sehen. Was tu ich die übrigen, da mir von nun an jede Minute ohne dich Ewigkeit bedeutet?

Theobald Nimm dich zusammen. Aus deiner Ungeduld kann dir sonst ein Verhängnis werden. Läßt du's mit wenigen Malen gut sein, wird es uns beiden zur größten Annehmlichkeit gereichen.

Deuter Aber –

Theobald Nichts sonst. Und meine Frau schicke ich dir besser hinunter, willst du sie heute noch sprechen.

Deuter Eigentlich habe ich nichts mit ihr zu schaffen.

Theobald Um so besser. Und keine Grimasse für sie, kein schiefes Wort, das sie treffen möchte.

Achter Auftritt

Scarron kommt. Guten Morgen. Soeben war ein älterer Herr im Vollbart hier, der ein Zimmer von Ihnen zur Miete möchte.

Theobald Hallo. So darf man darauf bauen, das Geschäft ist im Gang.

Deuter Ich gehe wieder.

Theobald Hätte ich Mandelstam besser abgewiesen?

Deuter Wo ließ ich mein Päckchen?

Scarron *reicht ihr die in Papier eingeschlagene Hose* Voilà.

Deuter Ich danke Ihnen, Herr Scarron. Guten Morgen.

Exit

Theobald Wieder hergestellt?

Scarron Da Sie mich für tot in meinem Hausgang ließen, haben Sie ein Recht auf diese Frage. Doch was geschah, wird Sie verwundern. Daß nämlich aus sinnloser Theorie mich wieder aufzuraffen, ich Notwendigkeit spürte, die stärker als der hinfälligste Körper war. Während Sie nach Hause wankten –

Theobald Leibschmerzen hatte ich, sonst war ich gut beisammen.

Scarron In der Tat hatte mich Ihrer Meinung Bestimmtheit gepackt, ich fühlte trotz der überwachten Kräfte Errungenschaften von Jahren in Frage stehen.

Theobald Ich bitte Sie, eines subalternen Beamten Meinung.

Scarron Sie war mir so Ereignis geworden, daß es auf der Stelle mir die Wahrhaftigkeit meines Evangeliums wiederherzustellen galt.

Theobald Mitten in der Nacht?

Scarron Und Gott war gnädig. Während ich mit wirrem, aufgeschrecktem Hirn einen Flußrand auf- und niederlaufe, merke ich, ein Schatten folgt mir.

Theobald Ah!

Scarron Und da ich stillstehe, ragt ein Weib vor mir auf.

Theobald Wieso: ragt auf?

Scarron Unterbrechen Sie nicht. Mit leeren Augen stierte sie mich an.

Theobald Verflucht!

Scarron Leibhaftige Sorge um Brot und Gott. Die ersten Minuten waren hinreißende Aussprache nur mit dem Blick der Augen. Mehr als ein Sakrament vertraute sie mir an, Leib und Seele goß sie in mich, machte mich zum Mitwisser ihrer Schanden; und fabelhaft! – Mann – nie vorher im Umgang mit Kindern und der Madonna war Keuschheit mit solcher Inbrunst wie aus dieser Hure mir nah. Und alsbald merke ich: Ihr mit Emphase vorher ausgesagtes Urteil von der Unveränderlichkeit aller Werte – das nämlich ist der platte Sinn Ihrer Lebensauffassung –

Theobald So?

Scarron Ungültig wurde es vor diesem Weib, das mich dafür belohnte, Jahr um Jahr den inneren Glauben an des Menschengeschlechts Entwicklungsmöglichkeit gestärkt, unablässig die höchste Forderung an die Ausbildung meiner psychologischen Aufnahmefähigkeit gestellt zu haben.

Theobald So?

Scarron Ich folgte ihr in ein elendes Heim, und was ich beim Schein einer qualmenden Lampe ihrer verriegelten Brust entriß, war Wort für Wort Geständnis einer so hohen, neuen, nie erklommenen Menschengröße, daß ich vor der Strohmatratze in die Knie sank.

Theobald Lag sie schon in der Falle?

Scarron Gebete tat voll schauerlicher Kraft der Demut. Mein Haupt hätte ich nicht erhoben, hätte sie es mit ihrem dornengesprungenen Fuß getreten.

Theobald So was kommt vor.

Scarron Mein Gott, wie elend seid ihr von solchem Gefühl. Zu jeder Stunde bot sie ihren Leib der Gemeinheit der Männer, und mit jedem Tag hob sie sich kraft ihres Leides näher dem Allwissenden.

Theobald Die Mädchen haben alle ein gutes Herz.

Scarron Als uns die Morgensonne traf, fand sie mich ihrer nicht ebenbürtig.

Theobald Was zahlten Sie?

Scarron Ich verarge Ihnen die Frage nicht. Zwischen uns liegen Meere. Was würden Sie für ein Gelächter anheben, sagte ich Ihnen: ich hätte nicht gewagt, sie zu bitten, mein eheliches Weib zu sein.

Theobald *besorgt* Geschlafen haben Sie noch nicht? Sehen recht elend aus.

Scarron Schlaf gibt es nicht für mich, bis ich über diese Seele so völlige Klarheit habe, daß ich sie der Menschheit wiedergestalten kann. Wollen Sie mir glauben, gestern hatte ich einen Augenblick die Absicht, Sie, Herr Maske, zum Helden eines Kunstwerks zu machen; heute fühle ich mit ungleich stärkerer Gewalt: über die Tauglichkeit zum künstlerischen Objekt entscheidet nur das psychologische Volumen.

Theobald Ein Kreuz ist's mit den Fremdwörtern. Was ist Psychologie?

Scarron *lächelt* Ich vergaß, Sie Armer; es wurde Ihnen schwer, mir zu folgen?

Theobald Viel verstand ich nicht. Sie waren diese Nacht mit einem Weib zusammen.

Scarron Mit einem Engel!

Theobald Einem gefallenen.

Scarron Sie Erzspießbürger.

Theobald Und was Psychologie ist, wollen Sie nicht sagen?

Scarronπάντα ρετ Alles ist veränderlich. Und Gott sei Dank auch Gut und Böse.

Theobald Herrgottsakrament, das ist gefährlich!

Scarron Das ist es! Doch so lebe ich, sterbe ich. – Nun sollen Sie mir eins nicht verübeln, sage ich Ihnen, ich gehe wieder von Ihnen.

Theobald Aber Sie haben für ein Jahr Kontrakt!

Scarron Den breche ich nicht. Zahle zwölfmal zwölf Taler gleich hundertundfünfzig Taler im voraus

Er zahlt

und habe nichts dawider, geben Sie das freundliche Stübchen noch einmal weiter. Ihre Persönlichkeit, so gediegen sie innerhalb ihrer Sphäre ist, möchte ungünstig auf das, was meine nächste künstlerische Aufgabe ist, wirken. Sie verstehen?

Theobald Es sind sechs Taler zuviel.

Scarron Lassen wir es gut sein.

Theobald Sie sind ein seltsamer Charakter.

Scarron Ein Mann der Tat bin ich, das ist alles! Vermag nicht, ohne letzten Aufschluß zu bleiben, und darum zieht es mich unwiderstehlich zu jenem Weib, intimster Zeuge ihrer Lebensumstände zu sein; Gott hat es mir zur Pflicht gemacht, die letzten Tiefen menschlicher Verhältnisse auszumessen, und wie ich lange erhöht war, muß ich mich in Abgründe erniedrigen. Unerhörte Genüsse können meiner warten.

Theobald Sie sind ein Schlankel.

Scarron Mißverstehen Sie mich nicht! Zu maßlosen Qualen.

Theobald Ich kenne mich aus. Man muß schauen, daß man nicht zu früh kaputt wird. Eine gewisse Regelmäßigkeit vor allem.

Scarron Unregelmäßigkeit, Mann! Sonst hänge ich mich auf.

Theobald Doch auch die mit einer gewissen Regelmäßigkeit.

Scarron In kürzester Zeit hoffe ich, Ihnen ein Buch zu schicken, über das Sie Augen machen sollen.

Theobald Und haben Sie einen wohlhabenden Bekannten, der ein Zimmer braucht, rekommandieren Sie uns. Zu allererst, auf jeden Fall, würde ich ein paar Stunden schlafen.

Scarron Herr Maske!

Theobald Aufrichtig!

Scarron Weiß Gott – vielleicht kein übler Rat. Jetzt spüre ich die Müdigkeit selbst – leben Sie recht wohl.

Theobald Sie finden schon wieder her.

Scarron Wo bekomme ich in nächster Nähe einen Wagen? Die verdammte Wendeltreppe.

Theobald *lacht* Haha, die Beine! Schlafen Sie aus.

Scarron *trifft im Abgehen im Eingang mit dem Fremden zusammen* Das ist der Herr, der das Zimmer möchte.

Exit

Der Fremde Die Hausmeisterin sagte mir, Sie müßten in jedem Fall daheim sein. Sie haben ein Zimmer abzugeben, erfuhr ich?

Theobald Es trifft sich. Zwölf Taler inklusive Frühstück.

Der Fremde Das ist teuer.

Theobald Ein großer Raum. Sehen Sie selbst.

Der Fremde Kein Klavier in der Nähe, kleine Kinder, Nähmaschine, Kanarienvögel?

Theobald Nichts dergleichen.

Der Fremde Halten Sie Hunde, Katzen?

Theobald Nein.

Der Fremde Haben Sie heiratsfähige Töchter?

Theobald Nein.

Der Fremde Sie selbst sind verheiratet. Ist Ihre Frau jung?

Theobald Doch.

Der Fremde Gefallsüchtig?

Theobald Das wäre der Teufel.

Der Fremde Sie sind ständig auf der Hut?

Theobald Unbedingt. Und die Bequemlichkeit auf halber Treppe.

Der Fremde Jeden persönlichen Verkehr verbitte ich. Die Magd hat, ehe sie eintritt, dreimal zu klopfen. Anstatt des Kaffees nehme ich einen Tee, den ich aushändigen werde. Ich leide an Stuhlverstopfung, doch das ist meine Sache.

Theobald Durchaus Ihre.

Der Fremde Unter diesen Umständen will ich's probeweise auf einen Monat versuchen. Am Fünfzehnten kann ich kündigen. Ich heiße Stengelhöh, bin wissenschaftlich tätig.

Theobald Abgemacht.

Der Fremde Die Magd hat in gesitteter Kleidung, nicht zerfetzt und durchsichtig, das Zimmer zu betreten. Meine Sachen sind in einer Stunde hier. Guten Morgen.

Theobald Guten Morgen, Herr Stengelhöh.

Der Fremde

exit.

Theobald Ich nehme ihm Joseph vor Potiphar heraus, hänge Boa Constriktor im Kampf mit einem Löwen hinein.

Er trägt aus seinem Schlafzimmer ein Bild in das ehemalige Scarronsche Zimmer hinüber.

Neunter Auftritt

Luise *kommt*

Theobald Trafst du Herrn Stengelhöh, Mann im Vollbart, auf der Treppe?

Luise Ich meine.

Theobald Er ist unser neuer Mieter. Das Geschäft ist unaufhaltsam im Gang. Er trinkt einen Tee, den er noch aushändigen wird, ist wissenschaftlich tätig.

Luise Scarron?

Theobald Recht, Scarron. Den habe ich durchschaut. Er ist uns satt, auf Nimmerwiedersehen nach Vorausbezahlung der Miete für ein Jahr verschwunden. Eine schöne Empfehlung läßt er ausrichten. Noch einiges könnte ich dir von ihm erzählen, doch behüte Gott mein Weib vor so lächerlichen Fanfaronaden. Ein Poltron war er, Buffo, der nach Veilchen roch. Mandelstam hingegen bleibt uns für ein Jahr, und ich richte ihn ab, mich umsonst zu halbieren. Hat dir der Kirchgang wohlgetan?

Luise Unsere große heilige katholische Kirche, Theobald!

Theobald Gewiß kein leerer Wahn.

Luise Wir sind heute ein Jahr verheiratet.

Theobald Wie die Zeit vergeht.

Luise Was muß ich dir kochen?

Theobald Weiß ich doch, du hast einen leckeren Schweinebraten im Hinterhalt.

Luise Den richte ich mit Sauerkraut.

Theobald Und tust vorsichtig eine Zwiebel daran. Nun will ich aber auch mit meinem großen Geheimnis heraus: Die beiden Leute, die uns ins Haus fielen, haben uns in den Stand gesetzt – wozu, Luise?

Luise Ich weiß es nicht.

Theobald Und rätst es nicht? *Leise* Jetzt kann ich es, dir ein Kind zu machen, verantworten. Was sagst du?

Luise *schickt sich schweigend an zu kochen.*

Theobald Doch setz ihn mit Butter an! Stengelhöh ist sehr eigen. Persönlichen Umgang mit uns will er gar nicht. Ob du gefallsüchtig seist, fragte er; leidet an Stuhlverstopfung.

Er läuft im Zimmer herum

Die Uhr wie üblich trotz meines ewigen Appells nicht aufgezogen. Die Blumen wollen Wasser haben.

Er begießt sie

Vor einer Stunde war die Deuter hier, wollte dir eine Hose zeigen, die sie sich gefertigt hat. Sieh doch mal zu, wie man heute eine Art Druckknopf an Stelle von Bändern verwendet. Mit diesen Knöpfen hätte die vermaledeite Geschichte auf der Straße, die uns so viel Verdrießlichkeiten brachte, nicht passieren können. Bei deiner notorischen Liederlichkeit bewahrt uns eine Ausgabe von wenigen Groschen vielleicht vor großem Schaden.

Er setzt sich zum Fenster und nimmt eine Zeitung.

Merkwürdige Dinge gibt es hinter den Tapeten des Lebens. Ich habe noch immer Leibschmerzen. Nur nicht solche Extratouren. Druckknöpfe – mitunter macht die Menschheit auch eine wirklich hübsche, sinnfällige Erfindung.

Das habe ich dir wohl schon gelesen: Die Seeschlange soll wieder in den indischen Gewässern aufgetaucht sein.

Luise *mechanisch* Grundgütiger. Und wovon lebt so ein Tier?

Theobald Da streiten die Gelehrten. Mir ist schon die Nachricht von solchen Seltsamkeiten widerlich. Geradezu widerlich!

Vorhang